KB273649

맹자
유감

맹자 유감

한문학자 김재욱이 들려주는
새로운 고전 독법

김재욱 지음

메디치

《맹자》를 비판적으로
읽는 이유

사람들은 가끔 '공자 왈 맹자 왈'이라는 말을 한다. '삶에 교훈을 주는 좋은 말'을 뜻하기도 하고, 반대로 '고리타분한 말'을 의미하기도 한다. 어쨌든 이 말을 일상에서 자연스럽게 쓴다는 건 공자와 맹자, 둘의 사상을 중심으로 이루어진 유학이 현재까지 한국인의 사고에 영향을 주고 있다는 방증이다.

특히 맹자는 한국의 선비들에게 가장 사랑받은 사람이었다. 자신감이 넘치는 언변, 명쾌한 논리, 군주 앞에서도 주눅들지 않는 당당함, 고통에 신음하는 백성을 아끼는 마음, 사람의 본성은 선하다고 믿었던 신념, 시류에 영합하지 않는 태도는 많은 이들에게 용기와 감동을 주었다. 지금은 유학이 지배하는 사회가 아니기 때문에 맹자는 많은 사상가 중 한 명으로 취급받지만, 그럼에도 불구하고 사랑받는 사람임은 틀림없다.

나 역시 한문학을 전공하면서 《맹자》를 읽었고. 깊은 감명을 받았다. 맹자는 훌륭한 사람이며 그에게 본받을 점도 꽤 많다고 생각한다. 동시에 옛 선비들처럼 맹자를 신처럼 받들 필요는 없고, 그래서도 안 된다고 생각한다. 유학자의 관점으로 보면 맹자의 말은 모두 정답이겠지만, 유학을 여러 사상 중 하나일 뿐이라고 보는 내 관점에서는 동의할 수 없는 내용도 꽤 많았기 때문이다.

백성에게 인정(仁政, 어진 정치)을 베풀어야 한다는 신념이 담긴 맹자의 왕도정치(王道政治)는 주장 자체로 가치가 있을 것이다. 그러나 힘의 논리가 지배하던 시절에 맞지 않는 이상에 불과했다. 게다가 몇백 년 전의 사회로 돌아가야 한다고 주장하면서 스스로 수준 이하의 역사 인식을 드러냈으며, 여타의 사상가에 비해 구체적 방안을 제시하지도 못했다.

사람의 본성이 선하다는 성선설(性善說)은 논리보다는 신념에 근거한 주장으로 보였고, 당당한 태도는 상대를 배려하지 않는 무례한 모습으로 보이기도 했다. 맹자는 상대의 의중이나 질문의 의도를 파악하지 않고 자기 말만 되풀이하면서 가르치려 들었고, 싫어하는 사람에게는 말도 안 되는 트집을 잡는 어른답지 못한 모습도 보였다.

유학자들, 특히 맹자가 공자 다음가는 사상가가 되는 데 가장 큰 역할을 한 송나라의 주희는 맹자의 모든 언행을 불변의 진리처럼 포장했고, 한국의 유학자들은 조금의 의심도 없이 주희의 설을 모두 받아들였다. 유학자들은 심지어 옛날의 관점으로 보아도 비판받을 여지가 있는 생각과 말조차 본받아야 마땅하다고 주장하면서, 그들만의 성을 쌓고 대중 위에 군림했다.

오늘날 한국인은 예전처럼 유학의 영향을 받지는 않는다. 그러나 짧게는 몇백 년, 길게 보면 몇천 년 동안 한국인의 사고에 영향을 주었던 유학에서 완전히 자유롭지 못한 것도 사실이다. 못 배운 사람을 무시하고, 노동자를 천시하며, 연장자라는 이유로 무조건 대우를 받으려 들며, 나이 적은 사람을 억누르고, 여성을 부속품 정도로 취급한다. 이 모든 문제가 유학 탓은 아니지만, 적어도 오늘날 한국 사회에서 일어나고 있는 갈등과 부조리, 차별에 유학의 그림자가 짙게 드리워져 있다는 점은 부정할 수 없다.

나는 이 책을 통해 맹자와 그를 따르는 유학자들의 설을 비판하고, 이들을 본받아야 한다고 주장하는 사람들에게 낡아빠진 유학의 사고방식이 현재 한국 사회의 발전을 가로막고 있다는 점을 말하고자 했다. 스무 개의 장은 모두 유학의 부정적인 측면을 서술한 내용으로 이루어져 있지만 극단적인 비판은 삼갔다. 그보다는 몇 가지 문제 제기와 비판을 통해 한국 사회가 갈등을 극복할 길을 모색해 보려 했다.

무언가를 비판하면 "대안을 가지고 비판해야 한다", "그래서 어쩌라는 거냐"라는 말을 듣곤 한다. 충분히 할 수 있는 말이고 일리도 있다. 하지만 그런 태도가 사람의 입을 막고, 자유로운 생각을 억누르는 무기가 되기도 한다. 대안은 문제에 대해 자유로이 비판하고, 이후 논의하는 과정을 통해 마련되는 것이지 처음부터 한 사람이 만들 수는 없는 것이다. 부조리를 알아보고 문제를 제기하는 행위는 그 자체로 가치가 있다. 독자 여러분도 이 책을 통해 여러 가지 생각을 펼칠 수 있기를 바란다.

이 책의 각 장은《맹자》의 원문을 한국어로 번역한 글과 원문에 대한 후대 학자의 주석으로 이해를 돕는 글, 그에 대한 나의 짤막한 관점을 담은 글로 구성했다. 맹자를 잘 알고 있는 분은 물론, 맹자를 처음 접하는 분들도 내용을 이해하는 데 전혀 무리가 없을 것이다. 특히 맹자를 처음 접하는 분들을 위해 책의 말미에 '맹자와《맹자》'를 부록으로 소개했다.

이 책은 2006년에 썼던 나의 첫 번째 책《맹자, 제멋대로 읽기》의 전면 개정판이다. 삼십 대 중반의 글을 오십 대 중반이 되어 다시 읽으면서 거의 모든 문장을 덜어내고 고쳤다. 그랬더니 예전과는 완전히 다른 글이 되어 있었다. 이 책을 쓰면서 전공자로서 글을 쓰는 나를 돌아보게 됐다. 그러나 문장과 문체는 바뀌었더라도, 맹자에 대한 내 생각은 그때나 지금이나 동일하다.

변함없는 내 생각처럼 그때나 지금이나 나를 가르치고 이끌어주는 분들이 있다. 부족한 제자를 늘 믿어주신 고려대학교 한문학과 명예교수 박성규 선생님의 은혜에 감사드린다. 책쓰기를 주저하는 나에게 용기를 준 고려대학교 한문학과 송혁기 교수, 전주대학교 서정화 교수에게 감사의 마음을 전한다. 이 둘의 격려와 가르침이 없었다면 나는 지금까지 글을 쓰지 못했을 것이다. 아울러 나의 글쓰기에 많은 도움을 준 양형기 선배에게도 감사드린다.

이제 여든을 넘긴 부모님의 뒷바라지 덕분에 이 나이까지 공부하고 글을 쓸 수 있었다. 글만 쓰는 못난 사위를 늘 아껴

주시는 장모님, 생전에 말없이 격려해 주셨던 장인어른의 모습도 떠오른다. 열네 권의 책을 쓰는 동안 늘 내 옆에 있으면서 지지해 주고 응원해 준 아내, 글을 쓰는 아빠를 자랑스럽게 여겨준 딸아이들에게도 미안함과 고마움을 전한다.

아무나 얻을 수 없는 기회를 준 메디치미디어 출판사 관계자분들에게 깊은 감사의 마음을 전한다. 끝으로 이 책을 읽으실 독자 여러분의 댁내에 건강과 행운이 가득하시기 바란다.

2025년 12월
해가 드는 집, 승조헌(昇照軒)에서
김재욱 씀

차례

3부 앓은 어떻게 폭력이 되는가

1부 내 마음대로의 진실

1부 내 마음대로의 진실

1

상대가 듣고 싶은 답에는
관심이 없다

현실을 외면한 이상론

적국이 백성의 농사철을 빼앗아 백성들이 밭 갈고 김을 매어 부모를 봉양하지 못하게 하면 그들의 부모는 추위에 떨고 굶주리게 되며 형제와 처자식은 흩어지게 될 것입니다. 적국이 백성을 도탄에 빠트릴 때 왕이 가서 정벌하시면 누가 왕에게 대적할 수 있겠습니까? 이래서 '어진 이에게는 대적할 사람이 없다'고 했으니 왕께서는 의심하지 마십시오.

彼奪其民時, 使不得耕耨, 以養其父母, 父母凍餓, 兄弟妻子離散, 彼陷溺其民, 王, 往而征之, 夫誰與王敵. 故曰, 仁者無敵, 王請勿疑.

〈양혜왕〉 상편 제5장

인자무적

仁者無敵

"어진 이에게는 대적할 사람이 없다."

양혜왕(梁惠王)은 위(魏)나라의 군주였다. 혜왕은 시호(諡號)이며, 량(梁)은 위나라의 수도가 대량(大梁)이었기 때문에 나라 이름 대신 앞에 붙인 것이다. 양혜왕이 활동하던 전국시대는 그간 지속되었던 주(周)나라의 봉건 체제가 무너져 가던 시기였다. 중국의 크고 작은 나라는 모두 주나라의 제후국이었는데 전쟁을 통해 약소국이 강대국에 병합되면서 영토 규모나 세력이 종주국인 주나라를 넘어서는 경우가 생겼기 때문이다.

이런 틈을 타서 여러 나라들은 주나라 군주만 쓸 수 있었던 왕의 칭호를 사용하기도 했다. 원래 제후국의 우두머리는 공(公)이라고 해야 하는데 중앙 정부보다 힘이 강해지자 주나라와 동등한 위치에 서려 했던 것이다. 자연스레 모든 나라는 부국강병을 추구하게 되었으며, 큰 비용을 써가면서 인재 등용에 힘을 기울였다. 양혜왕도 예외는 아니었다. 양혜왕은 즉위한 지 35년이 되던 해에 좋은 대우를 약속하면서 주변의 인재를 초빙했는데, 맹자도 이 소문을 듣고 대량으로 왔다. 이 무렵 위나라의 상황은 좋지 않았다. 양혜왕이 말했다.

"우리 진(晉)나라가 천하에서 막강하다는 건 노인께서도 아실 겁니다. 그러나 내가 왕이 된 뒤에 동쪽으로 제(齊)나라에 패해서 맏아들이 전사했고, 서쪽으로 진(秦)나라에게 땅칠백 리를 뺏겼고, 남쪽으로 초(楚)나라에게 모욕을 당했습니다. 나는 이 일을 치욕으로 여겨서 죽은 이들을 위해 한번 설욕하고 싶은데 어떻게 해야 할까요?"

위나라는 원래 진(晉)나라에 속해 있었는데, 이후 한(韓)·위(魏)·조(趙)로 쪼개졌다. 그래서 양혜왕은 자기 나라를 진이라 부른 것이다. 양혜왕 30년에 위나라는 제나라에 패하면서 태자가 죽었고, 그 후 여러 번 서쪽의 진나라에게 땅을 바쳤다. 초나라에게는 일곱 곳의 성을 뺏겼다. 양혜왕은 어떻게든 치욕을 씻기 위해 맹자(孟子)에게 복수의 방법을 물었다. 맹자가 대답했다.

"백 리 정도의 영토만 있어도 왕 노릇을 할 수 있습니다."

백 리는 작은 나라를 지칭하는 말이다. 작은 나라라도 인정을 베풀면 천하를 제패할 수 있다는 말인데, 위나라는 천 리 정도의 영토가 있으니 인정을 베풀면 손쉽게 천하를 호령할 수 있다는 뜻이다. 맹자는 말을 이어갔다.

"왕께서 만약 백성에게 인정을 베풀어 형벌을 줄이고, 세금을 적게 거둔다면 백성들은 깊이 밭 갈고 김을 매어, 장성

한 사람들은 여가를 이용해서 효제(孝悌, 효도와 공경)와 충
신(忠信, 충성과 신뢰)을 닦아 들어가서는 부형을 섬기며 나
가서는 어른과 윗사람을 섬기게 될 것이니, 그렇게 되면 이
들에게 몽둥이를 만들어 진나라와 초나라의 견고한 갑옷과
예리한 병기를 매질하게 할 수 있을 것입니다.”

당장의 복수에 연연하지 말고 멀리 보고 정치를 하라는 말이
다. 맹자는 현재 여러 나라들이 전쟁 준비에만 골몰하여 백성
의 삶은 피폐해졌고, 그들의 원성 역시 높아져 있는데, 위나라
가 반대로 백성의 생활을 돌보면서 어진 정치를 실행한다면
끝내는 양혜왕이 원하는 일을 이룰 수 있을 거라고 생각했다.

“적국이 백성의 농사철을 빼앗아 백성들이 밭 갈고 김을 매
어 부모를 봉양하지 못하게 하면 그들의 부모는 추위에 떨
고 굶주리게 되며 형제와 처자식은 흩어지게 될 것입니다.
적국이 백성을 도탄에 빠트릴 때 왕이 가서 정벌하시면 누
가 왕에게 대적할 수 있겠습니까?”

적국의 정치가 혼란에 빠졌을 때 정신적으로 무장한 군대로
적국을 공격하면 반드시 이길 수 있다는 말이다. 그렇지만 양
혜왕의 생각에는 맹자의 이런 이야기가 먼 훗날의 이야기처
럼 느껴졌을 수도 있다. 그래서인지 맹자는 확신에 찬 말을 던
지며 왕을 설득하려 노력했다.

"'어진 이에게는 대적할 사람이 없다'고 했으니 왕께서는 의
심하지 마십시오."

✳ ❉ ✳

칼을 든 상대에게 몽둥이를 권하는 격

맹자는 공자(孔子)의 유가 사상을 충실히 계승하여 실행에 옮
기려고 평생 노력했다. 양혜왕에게 한 말 속에 유가의 입장이
다 들어 있다. 《맹자》에는 양혜왕의 반응이 나타나 있지는 않
다. 맹자의 사상을 설명하는 데 주력했기 때문이다. 결국 양혜
왕은 맹자의 의견을 수용하지 않았다. 위나라를 포함한 모든
나라가 부국강병을 추구했는데 맹자의 주장은 그런 시대적
흐름에 맞지 않았기 때문이다.

양혜왕은 전쟁에서 승리하는 방법을 물었는데 맹자는 전
쟁에 대한 것은 배운 적도 없거니와, 사람을 살상하는 전쟁을
반대했다. 양혜왕이 원하는 답을 하지 않고 자기 주장만 펼쳤
으니 양혜왕은 받아줄 수 없었다. 그럼에도 불구하고 맹자가
존경받는 이유 중 하나는 사람을 아끼는 마음을 지니고 있었
으며, 누구를 만나더라도 위축되지 않고 자기 생각을 뚜렷하
게 밝혔기 때문이다. 그러나 맹자가 양혜왕을 설득하는 방식
과 태도에는 문제가 있다. 주장하는 내용 역시 현실에 맞지도
않을뿐더러 자기중심적이라 동의하기 어렵다. 무엇이 문제인
지 짚어보겠다.

양혜왕은 아들을 먼저 보낸 것도 모자라 땅까지 칠백 리를 잃어서 상심하고 화가 나서 복수의 칼날을 갈고 있는 사람이다. 그런데 맹자는 엉뚱하게도 잃어버린 칠백 리의 7분의 1인 백 리만 갖고 있어도 왕 노릇을 할 수 있다고 했다. 그러니까 칠백 리 잃은 것 가지고 그렇게 마음 쓰지 말라는 말이다. 맹자에게는 애초에 상대의 마음을 헤아릴 생각이 없다. 오직 자신의 정의감이나 확신을 내세우고 있을 뿐이다. 당장 칠백 리를 찾아올 방법을 생각해 보자는데 백 리만 있어도 된다는 생뚱맞은 소리를 하고 있다.

그나마 제시한 방법도 실현 가능성이 거의 없다. 백성들에게 인정을 베풀고 유가의 윤리를 교육하면 혜왕의 복수가 이루어지고 다른 나라가 위나라에 항복하게 될까? 실제로 붙어 봐야 알겠지만, 아군의 충성심이 적군보다 깊으면 이길 수 있는 확률은 높다고 할 수 있겠다. 문제는 이기려면 아군의 충성심은 그렇다 치고 적군의 충성심이 떨어질 때까지, 다시 말해 적국의 백성이 도탄에 빠져서 충성심이 떨어지기를 기다려야 한다는 말이다.

좋다. 그럼 언제까지 기다려야 되는지 대략 기간이라도 말해줘야 하는데 그에 대해서도 언급이 없다. 이런 질문이 당시에도 있었는지 맹자는 "나를 등용하면 작은 나라는 칠 년, 큰 나라는 오 년 안에 천하를 경영할 수 있을 것이다"라고 큰소리쳤다. 인정을 베풀고 교육하는 그 시간에 적국은 그 나라를 쳐서 없애버릴 거라는 생각이 없는 것이다. 적국이 오 년이나 칠 년 동안 기다려 줄 리가 없다.

게다가 맹자의 주장을 보면 군비 증강을 하지 않으면서 농사짓고 국민 교육만 하자는 건데, 그러다간 땅 조금 뺏기는 건 그나마 다행이고 나라가 망하게 되는 상황에 직면할 수 있다. 몽둥이 만들기도 전에 칼 맞아 죽는다는 말이다. 혜왕도 생각이 있었을 텐데 어떻게 이런 식으로 말할 수 있었을까? 당장 화가 나서 무엇이든 해보려는 사람에게 기약도 없이 기다리라며, 착한 마음을 갖다 보면 적국은 언젠가 백성들 불만이 많아질 테니 그때 가서 공격하라고 한다. 그것도 상대는 칼 들고 설치는데 우리 편은 몽둥이를 들고서….

이런 평행선 같은 만남이 몇 번 반복된 이후에 맹자는 등용되지 못하고 위나라를 떠났다. 이를 두고 후대의 유학자들은 '혜왕은 인을 모르고 의를 무시하며 이익만 추구하는 소인배였기 때문에 맹자 같은 현명한 사람을 등용하지 못했다'고 한다. 아전인수(我田引水)는 이럴 때 쓰라고 있는 말이다. 내가 보기에 맹자가 등용되지 못한 이유는 상대가 현실적인 문제로 답을 구할 때 자신의 이상만 내세웠고, 동문서답(東問西答)으로 일관했기 때문이다.

양혜왕은 맹자를 '등용하지 못한' 게 아니라 '등용하지 않은' 것이다. 내가 왕이었더라도 맹자를 쓰지 않았을 것이다.

2

나는 기쁘다,
너희가 나를 못 알아봤을 뿐

자기 위안의 논리

선생님께 기쁘지 않은 기색이 있는 것 같으십니다. 예전에 선생님께서는 '군자는 하늘을 원망하지 않고, 사람을 탓하지 않는다'고 하셨지 않습니까.

夫子, 若有不豫色然. 前日, 虞, 聞諸夫子, 曰, 君子, 不怨天, 不尤人.

〈공손추〉 하편 제13장

불원천, 불우인

不怨天, 不尤人

"하늘을 원망하지 않으며, 사람을 탓하지 않는다."

맹자는 제나라에서 벼슬을 얻지 못하고 떠나게 됐다. 제나라는 강대국이었으므로 자신의 이상을 실현할 수 있는 조건을 갖추고 있었고, 제선왕도 그런대로 맹자와 통하는 구석이 있었지만, 제선왕은 끝내 맹자를 쓰지 않았다. 당시 모든 나라는 부국강병을 꾀하고 있었는데, 제후국 간의 전쟁을 반대하는 맹자의 생각은 현실에 맞지 않았기 때문이다.

어쨌든 맹자는 뜻을 이루지 못하고 떠나게 되자 기분이 좋을 리가 없었고, 표정도 밝지 못했다. 이 모습을 본 제자 충우(充虞)가 말을 꺼냈다.

"선생님께 기쁘지 않은 기색이 있는 것 같으십니다. 예전에 선생님께서는 '군자는 하늘을 원망하지 않고, 사람을 탓하지 않는다'고 하셨지 않습니까."

충우는 맹자의 시무룩한 표정을 보고 맹자가 혹시 자신을 써주지 않은 제선왕이나 하늘을 원망을 하지 않는지 생각했다.

제자가 이렇게 생각할 만큼 맹자의 표정이 굳어 있었던 것이
다. 아울러 충우의 질문 속에는 '선생님은 보통 사람과 다를
줄 알았는데 선생님도 마음대로 안 되면 기분 나빠하는구나.
그러지 말아야 한다고 하셔 놓고…' 하는 약간의 실망도 들어
있는 것 같다. 맹자는 이렇게 대답했다.

> "저 때도 한때고, 이때도 한때지. 오백 년마다 반드시 왕도
> 정치를 할 사람이 나왔고, 그 사이엔 반드시 그들을 보좌할
> 유명한 사람들이 있었네. 지금은 주나라로부터 칠백여 년
> 이 지났지. 연수(年數)로 보면 이백 년이 지났지만, 시기ㅈ으
> 로 보면 지금이 적절하다 할 수 있지. (그런데 왜 훌륭한 사람
> 들이 나오지 않고 있을까?) 이건 아직 하늘이 세상을 고르게
> 다스리려 하지 않기 때문이니 만약 그러려고 한다면 현재
> 에 나를 버리고 누구를 택하겠나? 그러니 내가 기뻐하지 않
> 을 이유가 있겠나?"

얼핏 봐선 무슨 소리인지 알기 어렵다. 하나하나 풀어가 보자.
'저 때'는 요(堯)·순(舜)·탕(湯)·문왕(文王)·무왕(武王)과 같은 성인
이 출현했던 과거이고, '이때'는 맹자가 살고 있는 현재다. 과
거에 성인이 출현했으니 현재에도 필연적으로 그들과 같은
성인이 출현할 것이라는 말이다.

  그리고 요순에서 탕, 탕에서 문왕·무왕 사이는 오백 년인
데, 이런 걸 보면 성인과 이들을 보좌할 유능한 신하들은 오
백 년을 주기로 해서 출현했음을 알 수 있다. 그런데 지금은

문왕·무왕으로부터 칠백 년이 지났는데도 훌륭한 왕이나 신하가 나타나지 않고 있다. 지금쯤 나올 때가 됐는데 말이다. 맹자가 볼 때 이건 하늘이 아직 천하를 다스릴 의지가 없기 때문이었다. 맹자는 만약 하늘이 천하를 다스릴 마음을 먹는다면 훌륭한 왕을 내려보낼 것이고, 그를 보좌할 사람은 자신밖에 없다고 생각했다. 자신은 그 시간을 믿기 때문에 기뻐하지 않을 이유가 없는 것이다.

그러나 맹자는 충우의 질문에 제대로 대답하지 못했다. 충우가 물어본 것은 '왜 기분이 나쁜 듯한 표정을 지었는가'였는데 그에 대해서는 답하지 않고, '나는 기쁘다'고만 말했기 때문이다. 묻는 말에 대답하지 않고 넘어간 셈이다. 그럼 기뻐한다는 사람이 왜 남이 봐도 알아차릴 정도로 기분이 나쁜 듯한 표정을 지었는가? 주희가 맹자 대신 대답해 줬다.

"이러한 때에 한 번도 보람된 일을 하지 못했으니 이 때문에 맹자는 기쁘지 않은 기색이 있었다. 맹자는 '이때를 당하여 제나라에서 나를 알아줄 군주를 만나지 못하게 했으니 이것은 하늘이 천하를 평치(平治)하려 하지 않기 때문이다. 그러나 하늘의 뜻은 알 수 없지만, 도구는 또 나한테 있으니 내가 무엇 때문에 기뻐하지 않겠는가'라고 말한 것이다. 이로 본다면 맹자에게 기분 나쁜 기색이 있는 듯했지만, 실제로 기분 나빠한 것이 아니다."

주희는 맹자가 기분 나쁜 표정의 이유를 '등용되지 못한 결과'

에서 찾고 있다. 공감할 만한 면도 있지만 이해하기 어려운 면도 있다. 어떻게 기뻐하는 사람이 기분 나쁜 표정을 지을 수 있다는 건가. 그나마 이 정도의 옹호에는 고개를 끄덕여 줄 수 있다. 당(唐)나라의 공영달(孔穎達, 574~648)이라는 학자의 주석을 보면 지나치게 옹호하고 있다는 생각이 든다.

> "나라를 걱정하는 마음이 얼굴에 드러난 것이지 하늘과 사람을 원망한 것은 아니다."

맹자는 제나라 출신이 아니고, 제선왕과 친분이 돈독하지도 않았다. 이런 상황에서 나라를 걱정하는 마음이 생길 수가 있나?

내가 보기엔 맹자가 동문서답을 하면서 불편한 속내를 감추려고 한 것 같다. 지금쯤 내가 활약할 때가 됐다고 생각하면 기분 나쁠 이유는 없지만, 알아줄 거라고 기대했던 사람은 써 주지를 않으니 기분이 좋을 수가 없는 것이다. 그렇다고 제자한테 솔직하게 다 털어놓으려니 체면이 상할 것 같아 장황한 설명을 갖다 붙이면서 이른바 '정신 승리'를 하는 것으로 보인다. 기뻐하지 않을 이유가 있겠느냐고 묻는 대목을 보면 발끈하는 것처럼 보이기도 한다. 충우가 과연 저 말을 듣고 수긍했을까?

✳ ❈ ✳

세상엔 나만 있는 게 아니다

맹자는 평생토록 권한이 있는 벼슬을 하지 못했다. 제나라에서 잠시 벼슬을 했지만, 자문역 정도에 그쳤다. 이건 전적으로 맹자의 사상이 당대의 현실과 맞지 않았기 때문이다. 그런데 맹자를 추종하는 유학자들, 특히 주희는 맹자가 등용되지 못한 걸 두고 이렇게 말했다.

"제선왕은 맹자를 등용하지 못했다."

맹자는 제선왕 정도의 그릇으로는 등용할 수 있는 사람이 아니었다는 말이다. 이 말에 영향받은 후대의 유학자들은 물론이고 지금도 이 말을 그대로 받아들여서 제선왕을 폄하(貶下)하고 맹자가 세상에 쓰이지 못한 일을 아쉬워하거나 안타깝게 여기는 이들이 많다.

전국시대는 전쟁의 시대였다. 싸움을 잘해야 살아남을 수 있는 시대에 살면서 싸우면 안 된다고 하는 사람의 말을 누가 들어줄까? 맹자가 어떻게 생각하든 당시의 군주들은 주어진 현실에 충실했다. 특히 그중에서 제선왕은 정치를 못하는 군주도 아니었다. 단지 이상주의자를 등용할 이유가 없었을 뿐이다.

게다가 맹자는 이미 땅에 떨어진 주나라의 권위를 인정해야 한다고 주장했다. 그게 제선왕한테 먹힐 거라고 생각하는 것부터 잘못되지 않았을까. 이것은 민주주의 사회에서 봉건제로 돌아가자는 것과 다르지 않다. 설령 맹자의 신념이 옳다고 하더라도 수용하기 어려울뿐더러, 엄밀히 말해 수용해서는 안 된다.

맹자는 현실 정치에 참여하지 못하고 죽었다. 맹자가 정치를 잘했을지 못했을지는 단정하기 어렵다. 그럼에도 불구하고 나는 당시의 군주들이 맹자를 등용하지 않은 건 합리적인 판단이었고, 맹자가 정치에 참여해서 높은 벼슬을 했더라면 그 나라는 더 빨리 망했을 거라고 보고 있다. 전국시대를 끝낸 건 법가(法家) 사상과 강력한 군대로 무장을 한 진나라였다.

현재 맹자는 성인(聖人)에 가까운 대접을 받고 있다. 대접받을 구석이 없지는 않지만, 이 사람의 말이 다 옳지도 않다. 게다가 현실과 맞지 않는 말만 골라서 하다가 등용되지 못한 일까지 포장할 수는 없다. 이 세상에서 내가 제일 잘난 이유를 장황하게 늘어놓으며 발끈하는 모습은 더욱 봐주기 어렵다.

맹자처럼 스스로에게 자부심을 가지는 건 그 자체로 나쁘지 않다. 그러나 그 자부심을 입으로 뱉어내는 건 곤란하다. 기분이 나쁘다면 솔직하게 그 이유를 말하는 게 좋다. 장황하게 아니라고 해봐야 상대가 믿어주지 않는다. 내 신념이 남에게 고집으로 읽히고 있지는 않은지 살피면서 사람을 대하는 게 낫다. 세상에는 나만 있는 게 아니다.

3

세상에 미련 없는 척
위선적 태도와 자기중심성

내가 무엇 때문에 졸장부 같은 짓을 하겠나? 왕에게 충언했는데 받아들여지지 않았다고 화를 내고 얼굴이 벌게진 채 떠나면서 하루 종일 갈 힘을 다 쓴 다음에 쉬어야 하는가?

予豈若是小丈夫然哉, 諫於其君而不受, 則怒, 悻悻然見於其面, 去則窮日之力而後, 宿哉.

〈공손추〉 하편 제12장

사성소인야

士誠小人也

"내가 진짜 소인이다."

제나라에서 등용되지 못한 맹자는 제나라 수도 임치(臨淄) 근처의 주(晝)에서 사흘을 머물다가 제나라를 완전히 떠나게 된다. 제나라 사람들은 맹자가 여전히 벼슬에 미련이 남아서 일부러 사흘씩이나 지체한다고 생각했다. 윤사(尹士)라는 사람이 말했다.

> "맹자가 만약 우리 왕이 탕이나 무왕처럼 될 수 없다는 것을 모르고 왔다면 이건 지혜롭지 못한 것이다. 반대로 불가능하다는 것을 알면서도 왔다면 이건 은택을 구한 것이다. 천리나 되는 먼 길을 와서 왕을 뵈러 왔다가 뜻이 안 맞아 떠나면서 사흘씩이나 자고 주에서 출발하는데, 무엇 때문에 이렇게 지체를 하는지? 기분 좋은 일은 아니구먼."

윤사의 말을 정리하면 이렇다. 맹자는 제선왕을 은(殷)나라의 탕이나 주나라 무왕과 같은 이상적인 군주로 만들려 했지만, 그럴 기회를 얻지 못했다. 이렇게 될 줄 몰랐다면 맹자는 지혜가 없는 사람이다. 반대로 안 될 걸 알았다면 오지 말아야 했다. 그런데 맹자는 제나라에 왔다. 그렇다면 이건 맹자가 벼슬자리를 탐낸 것이다. 어쨌든 벼슬을 못 하게 됐으면 곧바로 떠날 일이지 무슨 미련이 남아서 한 곳에 사흘씩이나 머물면서 지체를 했을까.

맹자의 제자 고자(高子)는 윤사의 말을 맹자에게 전해주었다. 맹자가 말했다.

"윤사가 어떻게 나를 알겠나? 천 리를 와서 왕을 만난 건 내가 하고 싶었던 일이다. 그러나 뜻이 안 맞아서 떠나는 건 내가 바라는 게 아니었다. 나는 어쩔 수 없이 떠나는 것이다."

"내가 사흘 밤을 잔 뒤에 지금 주를 출발하긴 하지만, 내 생각에는 오히려 빠른 것 같다. 나는 왕이 마음을 바꿔주시기를 바란다. 왕이 만약 마음을 바꾸신다면 반드시 나를 돌아오라 하실 것이다."

"주를 나섰는데도 왕이 나를 쫓아오지 않으시기에 나는 왕의 마음을 확인한 뒤에 훌훌 털고 돌아갈 생각을 굳히게 되었다. 그렇지만 내가 어떻게 왕을 버릴 수 있겠는가. 나는 여전히 왕은 선(善)을 행하기에 충분한 분이라 생각한다. 왕이 만약 나를 등용하시기만 한다면 제나라 백성들간 편안해질 뿐이겠는가? 천하의 백성들이 모두 편안해질 것이다. 나는 왕이 마음을 바꿔주시기를 매일 바라고 있다."

"내가 무엇 때문에 졸장부 같은 짓을 하겠나? 왕에게 충언했는데 받아들여지지 않았다고 화를 내고 얼굴이 벌게진 채 떠나면서 하루 종일 갈 힘을 다 쓴 다음에 쉬어야 하는가?”

이 말 역시 윤사에게 고스란히 전해졌다. 윤사는 감동한 나머지 이렇게 말했다.

“나는 정말 소인이다.”

이 대목에 대해 《맹자》의 주석가들은 긴말을 하지 않았다. 한(漢)나라의 조기(趙岐)는 이렇게 말했다.

“큰 덕을 가진 사람은 넓고 소견이 좁은 선비는 급하기만 하다. 현명한 사람은 큰 것에 뜻을 두고, 현명하지 못한 사람은 작은 것에 뜻을 둔다.”

여기서 넓고 현명한 사람은 맹자이고, 급하고 현명하지 못한 사람은 윤사라는 걸 쉽게 알 수 있다. 주희는 조기보다 좀 더 분명하게 맹자를 칭송했다.

“이 문장에서는 성현이 도를 행하고 세상을 구제하려는 본심과 군주를 사랑하고 백성에게 은혜를 입히려고 애쓰는 마음을 볼 수 있다.”

이 일화만 놓고 보면 윤사는 맹자의 깊은 속을 모르고 비난하는 소인이고, 맹자는 왕이 자신을 버렸음에도 불구하고 자신은 그래도 왕을 버리지 못한다며 왕에게 충정을 드러니는 군자처럼 보인다. 많은 독자는 이 일화를 보면서 맹자의 깊은 마음 씀씀이에 감동한다. 맹자가 정말 제나라에서 벼슬을 했더라면 어땠을까 상상해 보기도 하고, 뜻을 펼치지 못한 맹자를 동정한다. 게다가 포부는 또 얼마나 큰가? 자신이 등용되기만 하면 온 세상 사람들이 모두 편안하게 될 거라고 자신 있게 말하는 모습을 보면서 감동한다.

✳ ✳ ✳

진짜 소인은 맹자다

맹자에게는 분명히 깊은 뜻이 있기는 했다. 윤사가 스스로 '난 소인이야'라고 할 만하다. 맹자의 왕을 생각하는 간절한 마음이 전달되어서 그랬을 것이다. 맹자도 사람인 이상, 모든 결과를 예측할 수는 없다. 이런 면에서 윤사가 맹자의 지혜를 두고 비난한 것에 동의하지 않는다. 그럼에도 불구하고 나는 맹자야말로 진짜 소인이라고 본다.

윤사는 다음과 같은 사연을 몰랐을 것이다. 맹자는 제선왕을 만나서 이야기를 나눈 뒤에 이 나라에서 벼슬을 하기는 글렀다는 걸 알았다. 그래서 제나라에 있으면서도 늘 떠날 생각을 하고 있었다. 맹자는 제나라에서 잠시 벼슬을 했지만 월급을 받지 않았다. 나중에 제나라를 떠나게 될 무렵 제자인 공손추가 왜 월급을 받지 않았느냐고 물었다. 맹자는 처음 왕을 만나고 물러 나와서는 떠날 마음이 있었고, 그 마음을 바꾸고 싶지 않았기 때문에 월급을 받지 않았다고 대답했다. 사실은 그때 떠난다고 말하려 했는데 제나라가 연(燕)나라와 전쟁을 하는 바람에 그러지 못했다면서 "제나라에 오래 머문 것은 내 뜻이 아니었다"라고 말했다.

애당초 떠날 마음이 있었는데 이제야 늦게나마 떠나게 되었다니. 그토록 원해서 떠나게 되었다면 주에서 사흘씩이나 머무를 이유가 없다. 제나라에 오자마자 떠나겠다고 생각했고, 월급도 안 받았으면서 "어쩔 수 없이 떠난다. 왕이 마음을 바꾸기 바란다"라고 한다. 전혀 앞뒤가 맞지 않고, 겉과 속이 다른 말이다. 윤사는 맹자의 깊은 속을 몰라서 자기가 소인이라고 탄식하고 있지만, 이런 사연을 다 알았다면 비난만 하는 선에서 그치지는 않았을 것이다.

사실이 이런데도 맹자는 왕은 자신을 버렸지만, 자신은 왕을 버리지 못한다면서 마치 자신이 왕을 위해서 온정을 베푼다는 식의 말까지 서슴없이 하고 있다. "그렇지만 내가 어떻게 왕을 버리겠는가." 맹자는 당시의 많은 사상가들처럼 벼슬을 얻고 싶어서 여러 나라를 돌아다니다 면접에서 떨어진 사람 중 한 명일 뿐이다. 자기중심적이다 못해 매우 위선적이다.

평생 선을 추구했고, 어렵게 사는 백성을 위해 왕에게 충언했던 맹자의 모습은 그 자체로 존경받아 마땅하다. 그러나 그렇다고 해서 이런 자기중심적인 면까지 존경해선 안 된다. 맹자가 제나라에서 했던 거의 모든 언행이 그랬다. 자기중심적으로 생각하고 행동하다 보니 자신에게 유리한 말만 하면서 상황을 넘기려 했다.

윤사의 말에 대한 반박이 인정받으려면 "처음부터 제나라를 떠나려 했다"는 말은 거짓이 되어야 한다. 맹자가 공손추에게 한 말을 보면 맹자는 제나라에 애정도 없고, 떠나는 마당에 미련을 두지도 않았다. 반면 윤사에게 반박하는 말을 보면 제나라를 향한 애정이 넘치고, 떠나면서도 끝까지 미련을 버리지 못하고 있다. 어떤 것이 진짜 맹자의 모습이며, 진짜 맹자의 마음인가? 아마 맹자는 또 상황 논리를 내세우면서 자기 행동을 합리화할 것이다. 자기중심적인 사람이 보여주는 전형적인 모습이다. 그러니 진짜 소인은 윤사가 소인이 맹자다.

이런 사람은 시간과 장소를 불문하고 어디에나 있다. 이 사람한테 이 말을 하고, 저 사람한테 저 말을 한다. 뭐가 문제인지 모르고, 누군가가 자신을 알아주지 않으면 그 이유를 생각하며 반성하기보다는 "나에 대해 뭘 알아?"라거나 "사람들은 내 깊은 속은 모른다"라고 한다. 나만 옳고 똑똑하다고 생각하기 때문에 남에게 조금이라도 비판받으면 화를 주체하지 못한다. 그러고는 화나지 않았다고 주장하면서 이렇게 변명한다.

"내가 무엇 때문에 졸장부 같은 짓을 하겠나? 왕에게 충

언했는데 받아들여지지 않았다고 화를 내고 얼굴이 벌게
진 채 떠나면서 하루 종일 갈 힘을 다 쓴 다음에 쉬어야 하
는가?”

졸장부 같은 건 바로 이런 걸 두고 하는 말이다.

4

백성보다 자존심이 먼저다

소신을 위한 원칙 고수

마부조차도 사수에게 아부하는 것을 부끄러워해서 포획한 짐승을 언덕처럼 많아지게 할 수 있었는데도 하지 않았는데 우리 같은 선비가 도를 굽혀 저들을 따른다면 어떻게 되겠나? 그리고 자네 말도 잘못되었네. 자기를 굽히는 사람이 남을 곧게 펴는 경우는 아직 없었어.

御者, 且羞與射者比, 比而得禽獸, 雖若丘陵, 弗爲也. 如枉道而從彼, 何也. 且子, 過矣. 枉己者, 未有能直人者也.

〈등문공〉 하편 제1장

왕기자, 미유능직인자야

枉己者, 未有能直人者也

**"자기를 굽히는 사람이
남을 곧게 펴는 경우는 아직 없었어."**

맹자는 언젠가 "옛날의 훌륭한 왕들은 신하라고 해서 함부로 부르지 않았다. 알고 싶은 것이 있으면 그 신하를 찾아갔다. 신하를 함부로 부르는 왕과는 함께 보람된 일을 할 수 없다"라고 말한 적이 있다. 자신은 함부로 부를 수 없는 사람이라는 뜻이다. 자존심을 세우는 건 좋은데 이 모습을 보는 제자의 마음은 어땠을까. 제자 진대(陳代)가 조심스레 말을 꺼냈다.

"제 생각엔 제후를 만나지 않는 것은 작은 일인 듯합니다. 지금 한번 만나보시면 크게는 그 왕을 왕도정치를 행하는 사람으로 이끌 수 있고, 차선으로는 패권을 잡게 하는 것 정도는 할 수 있을 것 같습니다. 옛말에도 '한 자를 구부려 여덟 자를 편다'라고 하지 않았습니까. 한 번쯤 할 만한 일인 듯합니다."

맹자의 이상은 세상을 덕(德)으로 다스리는 왕도(王道)를 실현하는 데 있었다. 그러려면 우선 자신을 써줄 군주를 만나야 하는데 맹자는 그러지 않았다. 진대는 이런 스승이 조금은 답답했다. 스승이 제후를 만나 벼슬을 얻기만 하면 왕도를 실현할 수 있고, 그러지 못한다고 해도 최소한 왕에게 패권이라도 잡게 해줄 수 있을 것 같았다. '한 자를 구부려 여덟 자를 편다'는 말은 자존심 세우는 일은 이상을 실현하는 일에 비해선 작은 일에 불과하니 자존심은 잠시 내려놓고 벼슬을 구하는 게 좋지 않겠냐는 뜻이다.

그러자 맹자는 마치 제자의 말을 기다렸다는 듯 거침없이 대답하기 시작했다.

"예전에 제나라 경공(景公)이 사냥을 할 때였다. 정(旌)이라는 깃발로 신호를 해서 동산지기를 불렀는데 오지 않았다. 경공은 화가 나서 그 동산지기를 죽이려 했다. 이 일을 두고 공자는 '지사(志士)는 소신을 지키다가 자신의 시신이 도랑에 버려질 수도 있다는 점을 늘 염두에 두며, 용사(勇士)는 언제라도 전투 중에 자기 머리를 잃을 수 있다고 생각하며 사는 법이다'라고 하셨다. 여기에서 공자가 중요하게 생각했던 것은 무엇인가? 신분에 맞지 않는 깃발을 가지고 불렀으므로 가지 않았던 점을 요점으로 취하신 것이다. 이처럼 내 신분에 맞춰 부르는 것을 기다리지도 않고 제후에게 가면 되겠는가?"

'정'은 벼슬아치인 대부(大夫)를 부를 때 사용하는 도구이다. 동산지기처럼 낮은 사람을 부를 때는 가죽 모자로 신호를 한다. 동산지기는 '정'으로 신호를 하는 것을 보고, 자신을 부른다고 생각하지 않았기 때문에 오지 않았다. 이어지는 공자의 말은 선비라면 목숨을 잃더라도 원칙을 지켜야 한다는 뜻이다. 이 일화를 예로 들면서 맹자는 자신의 의지를 드러냈다. 자신에게 맞는 대우를 해주지 않는 군주에게는 가지 않겠다는 말이다. 그러면서 제자가 인용한 말의 내용도 문제 삼았다.

> "그리고 '한 자를 구부려 여덟 자를 편다'는 말은 이익을 염두에 두고 말한 것이다. 그럼 만약 여덟 자를 구부려 한 자를 펴는 것이 이익이 된다면 그것도 할 수 있겠나?"

진대가 보기에는 제후를 만나는 일이 한 자를 굽히는 정도의 작은 일일지 모르지만, 맹자는 진대가 가볍게 생각하는 그 '한 자'를 '여덟 자'로 여겼다. 제후를 만나서 결과적으로 왕도나 패도를 할 수 있게 되더라도 여덟 자나 되는 원칙을 버릴 수는 없다는 말이다. 이어서 맹자는 또 다른 일화를 이야기하며 자신의 의지를 재확인했다.

옛날 진(晉)나라 대부 조간자(趙簡子)가 왕량(王良)에게 자신이 총애하는 신하 폐해(嬖奚)를 데리고 사냥을 나가게 했다. 그런데 하루 종일 한 마리도 잡지 못했다. 폐해는 돌아와서 이렇게 보고했다.

> "왕량은 형편없는 마부였습니다."

어떤 사람이 왕량에게 이 일을 말해주었다. 왕량은 다시 사냥을 가게 해달라고 부탁했지만, 받아들여지지 않다가 겨우 승낙을 얻었다. 폐해는 다시 이렇게 보고했다.

"아주 대단한 마부였습니다."

그러자 조간자는 폐혜에게 말했다.

"그럼 앞으로 왕량과 함께 사냥하러 다니게 해주지"

그러고는 왕량에게 다시 사냥을 나가라고 부탁했다. 왕량은 조간자의 명령을 거절했다.

"제가 처음에는 법대로 말을 몰았더니 그 사람은 한 마리도 잡지 못하였습니다. 그래서 다음에는 부정한 방법으로 사냥감을 만나게 하였습니다. 아침나절에 열 마리를 잡았지요. 《시경(詩經)》에 이런 글귀가 있습니다. '마부가 말 모는 법을 잃지 않으니 사수가 화살을 쏘자 깨뜨리듯 명중하네.' 저는 소인과 함께 수레 타는 것을 익히지 못했으니 사양하겠습니다."

본문만 봐서는 쉽게 알기 어렵다. 우선 옛날의 사냥 규칙에 대해 알아보겠다. 사냥감인 짐승을 향해 마차를 몰 때는 마차를 짐승과 나란히 달리도록 해야 한다. 이때 사수는 짐승의 옆 부분을 쏜다. 정면에 있는 짐승을 향해 마차를 몰 때가 있다. 이렇게 되면 겁을 먹은 짐승이 도망을 가게 된다. 이때 사수는 등을 보이고 도망가는 짐승은 쏴도 되지만, 마차의 옆을 지나가는 것은 쏘지 않으며 마차의 앞으로 달려드는 놈들만 쏴야 한다. 자연스럽게 사수가 쏠 수 있는 범위가 제한될 수밖에 없다.

왕량이 "제가 처음에는 법대로 말을 몰았다"라고 한 건 위와 같은 규칙을 지켰다는 뜻이다. 그렇게 했더니 폐해는 한 마리도 잡지 못했다. 이 일화는 꽤 널리 알려져서 왕량이 말한 '범아치구(範我馳驅)'라는 말은 '원칙을 지키다'는 의미를 지닌 성어가 됐다.

반대로 "부정한 방법을 쓴다"라고 풀이한 말은 '궤우(詭遇)'라고 하는데, 글자 그대로 풀이하면 '속임수를 써서 (짐승을) 만나게 한다'는 뜻이다. 왕량은 두 번째로 폐해와 사냥을 나갔을 땐, 폐해가 아무 데서나 활을 쏠 수 있도록 마차를 몰아서, 자신의 능력을 보여주었다. 충분한 실력을 지니고 있다는 사실을 알려준 뒤, 다시는 폐해와 사냥을 하지 않겠다고 말하면서 자신의 소신을 지켰다.

이처럼 맹자는 제경공의 동산지기와 왕량의 일화를 통해 자기 생각을 밝혔고, 앞으로도 소신대로 살 것임을 분명히 했다.

"마부조차도 사수에게 아부하는 것을 부끄러워해서 포획한 짐승을 언덕처럼 많아지게 할 수 있었는데도 하지 않았는데 우리 같은 선비가 도를 굽혀 저들을 따른다면 어떻게 되겠나? 그리고 자네 말도 잘못되었네. 자기를 굽히는 사람이 남을 곧게 펴는 경우는 아직 없었어."

한편 주희는 이 일화에 주석을 달면서 전반적으로 본문의 내용을 설명하는 데 주력했다. 다만 말미에 수록된 송(宋)나라 학자 양시(楊時)와 어떤 사람이 나눈 대화의 내용은 꽤 재미있다. 어떤 사람이 말했다.

"지금 세상에 살면서 출처(出處, 벼슬하거나 물러나는 일)와 거취(去就)가 꼭 하나하나 예절에 맞을 필요는 없다. 예절에 맞추려 한다면 도(道)가 행해질 수 없을 것이다."

양시는 반박했다.

"왜 이렇게 자중(自重)하지 않는가? 자기를 굽히면서 남을 곧게 할 수 있다고 생각하는가? 옛사람들은 차라리 도를 행하지 않을지언정 거취를 가볍게 하지 않았다. 이런 까닭에 공자·맹자는 춘추·전국시대에 살면서 반드시 정도(正道)로써 나아가다가 결국 도를 행하지 못하고 죽은 것이다. 거취를 생각하지 않고 도를 행할 수 있었다면 공자와 맹자가 당연히 먼저 했을 것이다. 공자와 맹자가 무엇 때문에 도가 행해지기를 원하지 않았겠는가."

특정 나라에서 유학의 도를 실현하려면 먼저 그 나라의 군주가 유학을 존중해야 한다. 그 바탕 위에서 군주가 선비를 초빙해야 선비는 소신껏 일할 수 있다. 이외에는 도를 실현할 방법이 없다. 그러므로 맹자는 부르지도 않는데 찾아가 봐야 소용이 없다고 생각했던 것이다. 양시는 맹자의 말을 받아들인 것은 물론, 소신을 굽히느니 차라리 도를 실현하지 않는 게 낫다고까지 하기에 이르렀다. 아울러 공자·맹자는 도를 실현하지 못한 게 아니라 하지 않은 거라면서 맹자를 높였다. 맹자의 말이 오랜 시간을 거치면서 더 심화되었다고 볼 수 있겠다.

✳ ✡ ✳

유학의 악습부터 버려야 한다

사람에게는 흔들리지 않는 소신이 있어야 한다. 그러나 뭐든 지나치면 탈이 난다고 소신만 너무 고집하면 바라는 결과를 얻을 수 없다. 더구나 누군가의 도움 없이 목적을 달성할 수 없는 일이라면 당연히 상대와 의견을 조율하는 과정을 거쳐야 한다. 물론 도와줄 사람이 내 소신을 모두 받아들인다면 마음껏 일해도 된다. 이런 면에서 맹자는 실패할 수밖에 없었다. 군주 중 누구도 맹자의 소신을 받아주지 않았기 때문이다. 그렇다면 당시의 군주들이 무능하거나 멍청해서 맹자를 쓰지 않았는가? 그렇지 않다. 맹자의 생각이 현실에 맞지 않는 것이 문제였을 뿐이다.

맹자와 그의 제자들은 나름의 소신도 있고, 세상을 다스릴만한 능력을 갖추고 있다고 여겼을지 몰라도 각국이 약속이나 한 듯 쓰지 않았던 데에는 그럴만한 이유가 있다는 말이다. 그런 결과를 얻고도 누가 불러주지 않으면 갈 수 없다고 말하는 맹자나 스승이 뭔가를 할 수 있을 거라고 믿는 진대나 어찌 보면 둘 다 세상을 자기중심적으로 생각하는 것 같다.

나는 맹자가 도대체 뭘 믿고 저렇게 큰소리만 쳤는지 여전히 알 수가 없다. 맹자는 늘 이렇게 말했다. "하늘이 세상을 다스리려 한다면 나를 놔두고 누구를 쓰겠는가." "내가 벼슬을 하면 제나라뿐만 아니라 천하 백성이 편안해질 것이다." 단 하나도 보여준 게 없는 사람이 하는 말을 믿어주는 게 이상하지 않을까? 게다가 맹자는 어쨌든 제후의 힘이 있어야 자신의 소신을 펼 수 있는데, 제후를 찾아가서 나라를 발전시킬 방법을 제안한 것도 아니면서 남들과 같은 대우를 받아야 한다고 생각했다.

다시 말하지만, 맹자는 제후를 설득해야 하는 사람이었다. 그래야 벼슬을 얻어서 자신의 소신을 현실 정치에 적용해서 눈에 보이는 성과를 낼 수 있기 때문이다. 그렇게 천하 백성이 소중하면 제후를 찾아가서 설득하고 벼슬을 얻어야 했다. 그런데 그렇게 하지 않고, 누가 불러주지도 않는데 왜 나가냐고 말한다. 백성보다 자신의 자존심이 먼저인 셈이다. 이해해 보려고 해도 할 수가 없다.

이런 맹자의 헛된 자존심 세우기는 왕량의 고사에서 정점을 찍는다. 당시는 신분제 사회이므로 마부를 낮잡아 보는 시각을 가지고 트집을 잡을 생각은 없다. 문제는 맹자보다 왕량이 훨씬 지혜로우면서도 자존심을 세울 줄 아는 사람이라는 사실이다. 왕량은 폐해가 자신을 두고 형편없다고 폄하했을 때, 실력을 보여주었다. 원칙을 깨면 결과를 얻을 수 있다는 걸 보여준 뒤에 '나는 너희 같은 사람과 일하지 않겠다'고 하면서 자존심을 세웠다. 왕량의 실력을 눈으로 확인한 폐해나 경공은 왕량의 재능을 아까워했을 것이다. 반면 맹자는 단 하나도 보여준 게 없다. 말만 하면서 남들과 같은 대우를 원했을 뿐이다.

맹자의 소신은 존중받아 마땅하다. 이 일화를 읽고 이 사람의 사고방식과 행동을 본받아도 좋고, 맹자를 동정해도 괜찮다. 각자의 생각에 달린 문제이기 때문이다. 그러나 분명한 건, 결과적으로 맹자는 백성을 구제하려고 노력하지 않았다는 점이다. 무조건 자기 방식대로만 해야 한다고 주장했다. 하지만 그렇게 살아서는 세상에서 아무 일도 할 수가 없다.

지금도 마찬가지다. 노력하지 않으면서 자존심만 세우거나, 남들이 다 반대하는 일을 소신대로 한다며 밀어붙여서 주변을 답답하게 만드는 사람들이 많다. 그러면서 반대하는 사람들을 두고 안목이 없다고 하거나 생각이 짧다고 일축하면서 옛 위인이나 거론하며 대다수의 사람을 계몽하려 든다. 자신을 따르는 몇몇의 추앙에 취해 자신이야말로 큰일을 할 사람이라고 떠든다. 보여준 것도 없고, 경험도 없으면서 높은 자리만 탐낸다. 자리를 얻지 못하면 먼저 자신을 돌아보지 않고 남 탓, 세상 탓을 하면서 씩씩거린다.

우스운 건, 이런 사람일수록 유학을 비난하면서 목소리를 높인다는 사실이다. 일화에 나온 맹자와 똑같이 말하고 행동하면서 유학을 비난하는 것이다. 한국 사람이라면 유학의 영향이 알게 모르게 삶에 뿌리박혀 있을 것이다. 정말 유학이 문제라고 생각한다면 먼저 자기 안에 젖어든 유학의 악습부터 버리려고 노력해야 하겠다.

5

하늘의 뜻으로 포장된 실패

운명론적 책임 회피

누가 시켜서 길을 갈 수도 있고, 막아서 멈추게 될 수도 있다. 그러나 가고 멈추는 것 자체는 사람이 시킬 수 있는 일이 아니다. 내가 노나라 임금을 만나지 못한 것은 하늘의 뜻인데 장 씨의 아들이 어떻게 나를 임금과 만나지 못하게 할 수 있겠는가.

行或使之, 止或尼之, 行止, 非人, 所能也. 吾之不遇魯侯, 天也. 臧氏之子, 焉能使予, 不遇哉.

〈양혜왕〉 하편 제16장

불우노후, 천야

不遇魯侯, 天也

"노나라 왕을 만나지 못한 것은 하늘의 뜻이다."

악정자(樂正子)는 맹자의 제자인데 노(魯)나라 평공(平公)을 섬기고 있었다. 어느 날 그는 맹자와 평공의 만남을 주선하였다. 약속한 날이 되자 평공은 수레를 대기시키고 맹자를 만나러 나가려 했다. 이때 평공이 평소 총애하던 신하인 장창(臧倉)이 한마디 하고 나섰다.

"임금께서 예전에 외출하실 때는 실무자한테 행선지를 말씀하셨습니다. 그런데 지금은 수레가 이미 나갈 준비를 하고 있는데도 저나 실무자나 행선지를 모르겠군요. 어디를 가시는지요?"

"맹자를 만나러 가는 것이다."

"무엇 때문에 임금님이 자신을 낮춰서 보통 사람에게 먼저 예의를 차려야 합니까? 그 사람이 현명하다고 생각하셔서 그렇습니까? 예의는 현명한 사람한테서 나오는 것입니다. 그런데 맹자는 부모님 장사를 치를 적에 훗날 치른 어머니 초상이 아버지 초상 때보다 더 성대했다고 하더군요. 만나지 마십시오."

"음, 그렇게 하겠네."

결국 장창 때문에 맹자는 노나라 군주를 만나지 못했다. 맹자는 먼저 아버지 상을 당했고 뒤에 어머니 상을 당했다. 그런데 아버지 상보다 어머니 상에 비용을 더 많이 썼다. 통상 옛날에는 아버지 상에 더 비중을 두었는데 맹자는 그렇지 않았다. 장창은 이를 예의 없는 행동이라 하면서 뭣 하러 그런 사람을 높은 사람이 먼저 찾아가야 하느냐고 따진 것이다. 일이 이렇게 되자 악정자는 속이 상했다. 먼저 평공한테 가서 따져 물어본다.

"임금께서는 왜 맹가(孟軻, 맹자의 이름)를 만나지 않으셨습니까?"

"어떤 사람이 나에게 '맹자는 나중에 치른 어머니 상이 먼저 치른 아버지 상보다 더 성대했다'고 알려주었네. 그래서 만나지 않았네."

"임금께서 말씀하신 '더 성대했다'고 하는 건 무엇입니까? 아버지 상은 선비의 예로 치렀고, 어머니 상은 대부의 예로 치렀으며, 아버지 상에선 삼정(三鼎)을 썼고, 어머니 상에선 오정(五鼎)을 썼던 걸 말씀하시는 건가요?"

부모상을 당했을 경우 선비는 돼지·어육·포의 세 가지를 제물로 사용하고 신분이 높은 대부는 양·돼지·어육·포·제육을 사용한다. 이것을 각각 삼정, 오정이라고 하는데 여기서 정(鼎)은 '솥'이다. 평공이 대답했다.

> "아닐세. 아버지 상을 치를 때보다 관곽과 수의의 질이 좋았다는 말이네."
>
> "그렇다면 그건 '더 잘 치렀다'고 하실 일이 아닙니다. 두 번의 상을 치를 때 맹자의 형편이 달랐기 때문입니다"

그래도 평공은 맹자를 만나주지 않았다. 면목이 없게 된 악정자는 맹자를 찾아갔다.

> "제가 임금께 아뢰니 임금께서 와서 뵈려고 하셨습니다. 그런데 총애받는 신하 장창이라는 사람이 임금을 저지했습니다. 이런 까닭에 임금께서 오지 못하였습니다."

맹자가 대답했다.

> "누가 시켜서 길을 갈 수도 있고, 막아서 멈추게 될 수도 있다. 그러나 가고 멈추는 것 자체는 사람이 시킬 수 있는 일이 아니다. 내가 노나라 임금을 만나지 못한 것은 하늘의 뜻인데 장 씨의 아들이 어떻게 나를 임금과 만나지 못하게 할 수 있겠는가."

✳ ✳ ✳

하늘을 신으로 여긴 맹자

맹자가 평공을 만나지 못했던 건 장창의 방해 때문이었는데, 맹자는 이것을 '하늘의 뜻'이라고 했다. 문맥상 '운명' 정도로 이해하면 되겠는데, 맹자가 말한 '하늘'이 무언지부터 알아보자.

동서를 막론하고 옛날 사람들은 하늘에 인간을 초월하는 힘이 있다고 믿었다. 중국의 은나라 시대에는 하늘을 제(帝) 또는 상제(上帝)라 불렀는데, 이 상제가 농사의 성패를 좌우하는 기후를 비롯한 자연 현상뿐만 아니라 전쟁·제사·왕의 임명 등 인간 세상의 일까지 주재한다고 믿었다. 이런 상제의 뜻은 거북의 껍질을 태웠을 때 나타나는 균열을 해석하는 점(占)을 통해 확인했다.

이어 주나라 시대를 거치면서 '하늘'은 이전보다 좀 더 구체화된다. 이 시기의 사람들은 하늘이 막연히 '주재'를 하는 게 아니라 선한 왕에게는 복을 주고, 그렇지 않은 왕에게는 재앙을 내리는 도덕적 의지를 지닌 인격신(人格神)으로 이해했다. 왕은 하늘의 의지를 대변하는 사람이라 여겼는데, 여기에서 '천자(天子)'라는 말이 나왔다.

시간이 흐르고 문명이 발전하면서 이와 같은 관념에 이의를 제기하는 사상가들이 출현했다. 노자(老子)로 대표되는 도가(道家)는 인격적·도덕적인 하늘을 인정하지 않았다. 이어 전국시대의 유가 사상가 순자(荀子) 역시 그러했다. 전국시대의 사람들은 하늘을 현재와 같이 그저 자연현상을 보여주는 것으로 받아들이고 있었다. 그러나 맹자의 유가(儒家)는 전통적인 하늘에 대한 관념을 계승하고 발전시켰다.

> "내가 노나라의 군주를 만나지 못한 것은 하늘의 뜻이다."(吾之不遇魯侯, 天也.)
>
> — 〈양혜왕〉 하편

> "하늘이 아직 천하를 고르게 다스리려 하지 않는 것이니, 만약 천하를 고르게 다스리려 한다면 지금의 세상에서 나를 버리고 누구를 쓰겠는가."(夫天, 未欲平治天下也, 如欲平治天下, 當今之世, 舍我, 其誰也.)
>
> — 〈공손추〉 하편

> "그렇다면 누가 천하를 주었기에 순임금이 천하를 소유하게 된 것입니까?" 맹자가 대답했다. "하늘이 주신 것이다."(然則舜有天下也, 孰與之. 曰天與之)
>
> — 〈만장〉 상편

> "그러므로 하늘이 이 사람에게 큰일을 맡기려 하실 때에는 먼저 그 사람의 마음을 괴롭게 하고, 근골(筋骨)을 수고롭게 한다."(故天將降大任於是人也, 必先苦其心志, 勞其筋骨)
>
> — 〈고자〉 하편

살펴본 것처럼 맹자는 하늘에 인격을 부여하고 있으며, 사람은 하늘의 뜻에 따라 움직인다고 믿고 있다. 하늘을 신으로 여

겼다고 봐도 무방하다. 이래서 노나라 군주를 만나지 못한 것
도 하늘의 뜻이라고 했던 것이다.

하늘과는 전혀 관계가 없다

한편 이 사건을 두고 조기와 주희는 이렇게 논평했다.

> "헐뜯는 말로 어진 이를 얽어매면 어진 사람은 천명(天命)으
> 로 돌리며, 사람을 원망하지 않는다."
>
> — 조기

> "이 장은 성현의 출처는 시운(時運)의 성쇠(盛衰)에 관계되
> 니, 바로 천명이 하는 것이요, 인력(人力)으로 미칠 수 있는
> 것이 아니라고 말한 것이다."
>
> — 주희

내용상 맹자가 평공을 만나지 못한 이유는 분명 장창의 방해
때문인데, 맹자는 이를 인정하지 않았다. 반면 조기는 장창이
맹자를 방해했다고 보고 있다는 점이 눈길을 끈다. 그렇게 방
해했음에도 불구하고 맹자는 하늘 핑계를 대면서 장창을 원
망하지 않았다고 하면서 맹자의 행동을 옹호했다.

주희는 조기와는 다르게 맹자와 같은 위대한 사람이 벼슬
을 하느냐 마느냐 여부는 세상의 운명과 관련이 있는 큰일이
므로 사람이 어찌할 수 없다고 했을 뿐 맹자의 반응에 대해
서는 말하지 않았다. 두 사람의 주석을 보면 조기는 '하늘'보

다는 '장창의 방해'에 주목하고 있으며, 주희는 장창의 방해
보다는 '하늘'에 초점을 두고 있다는 점을 알 수 있다. 둘의 관
점 차이는 있지만 맹자의 행동을 옹호하고 있다는 점은 같다.
나 역시 맹자의 대처가 나빠 보이지는 않는다. 그러나 주희처
럼 거창하게 포장하는 말을 보고 있으면 숨이 막히는 느낌이
든다.

나는 '장 씨의 아들'이라고 한 맹자의 표현에 주목해 보았
다. 보통의 경우에는 성의 뒤에 존칭인 '자(子)'를 붙이거나, 이
름을 곧바로 표기하는데 맹자는 '장 씨의 아들'이라는 비교적
얕보는 분위기를 느끼게 하는 호칭을 쓰고 있다. 《맹자》 전편
에 걸쳐 사람의 이름을 저런 식으로 쓴 건 여기밖에 없다.

'장 씨의 아들'은 요즘으로 치면 "거 왜 그 집 아들 있잖아.
김 씨 아저씨 아들"이라고 한 것에 가깝다. 맹자처럼 예의를
중시하는 사람의 입에서 '장 씨의 아들'이라는 말이 불쑥 튀어
나온 걸 보면, 맹자는 장창 때문에 화가 났던 것 같다. 만나려
는 상대가 왕이고, 이 사람을 만나서 내 소신을 설파해야 하
는데, 중간에 훼방꾼이 나타났다. 단순히 방해만 해도 화가
날 참인데, 돌아가신 부모님의 상을 치른 일까지 트집을 잡더
니 나를 예의도 모르는 사람이라 깎아내렸다. '장 씨의 아들'
이라는 호칭에는 맹자의 분노가 스며들어 있다.

그렇다고 해서 버럭 화를 낼 수도 없다. 선비 체면에 채신
머리없이 장창에게 가서 따질 수도 없는 노릇이다. 만남을 주
선한 제자의 입장이 난처해지기 때문이다. 어떻게든 정리는
해야 한다. 어쩔 수 없이 맹자는 "내가 노나라 군주를 만나지

못한 것은 하늘의 뜻이다"라고 말했다. 맹자가 하늘을 '신'으로 여기는 관념을 지녔다고 해서, 이 말을 그대로 받아들여야 할까? 조기처럼 나를 헐뜯는 사람이 있어도 그를 원망하지 않는다고 말하는 선에서 그치면 좋을 것 같다.

요즘에도 많은 사람들은 자신이 일이 뜻대로 풀리지 않았을 경우 "할 수 없지. 이건 이렇게 되라는 하늘의 뜻인가 봐"라면서 스스로 위로하고, 자신이 의도대로 일이 풀렸을 때도 "이건 성공하라는 하늘의 뜻이었어"라며 기뻐하기도 한다. 여기에서 주목할 점은 기쁘거나 슬픈 감정은 사람이 느끼는 것이지만, 그 감정을 주는 건 하늘이라는 점에서 요즘 사람들의 하늘과 맹자의 하늘은 같다고 할 수 있겠다. 확실히 우리나라는 유가의 영향을 많이 받긴 받았나 보다. 그런데 잘되건 못되건 결과에 대한 책임은 내가 질 뿐이다. 하늘과는 전혀 상관이 없다.

'맹모삼천'은 거짓말이다?

정약용의 《맹자요의(孟子要義)》를 보면 재미있는 이야기가 있다. 조기는 '맹자가 아버지를 잃었을 때는 사(士)였고, 어머니를 잃었을 때는 대부였다'고 주석을 달았다. 남들이 보기에는 맹자가 어머니의 상을 사치스럽게 지낸 것 같지만, 대부의 신분에 따라 상을 치렀으므로 문제가 될 것이 없다는 의미이다. 정약용은 조기의 주석을 문제 삼았다.

"아버지를 잃었을 때가 사였다면, 맹자가 벼슬하여 녹을 먹은 뒤에 아버지를 잃은 것인데 조기는 어째서 〈제사(題辭)〉에서는 '일찍이 아버지를 잃고서 어머니가 세 번 이사하는 교육을 받았다'라고 했는가? 저 말대로라면 맹자가 벼슬을 하고 있으면서도 장례 치르는 놀이와 물건 파는 놀이를 했다는 것인데 그럴 이유가 없다. 이런 사실로 보아 유향의 《열녀전(烈女傳)》에 나오는 '맹모삼천(孟母三遷)'의 이야기는 괜히 지어낸 것이다. 정말로 어릴 때 아버지를 잃었다면 삶은 채소로 제물을 삼고, 입던 옷으로 염을 했다고 해도 아버지의 장례를 소홀히 치렀다고 헐뜯을 순 없었을 것이다."[1]

앞선 조기의 주석을 보면 맹자의 아버지는 맹자가 커서 벼슬을 할 때 죽었다. 그런데 조기는 저렇게 주석을 해놓고 다른 곳에서는 어려서 아버지를 잃고 어머니의 교육을 받았다고 말했다. 종합해 보면 맹자는 벼슬을 하면서 어머니의 교육을 받은 것이 된다. 퇴근 후에 무덤가에 가서 장례 치르는 놀이를 하고, 또 시장에 이사 가서는 장사꾼 흉내를 냈다는 말이다. 어머니는 맹자의 교육을 위해 끝내는 서당 근처로 이사를 했다. 그럼 거기에서도 퇴근 후에 유학을 배웠다는 것이 된다. 조기의 주석은 앞뒤가 맞지 않는다. 맹자의 아

---

1 정약용(丁若鏞) 저(著), 이지형(李篪衡) 역주(譯註), 《역주다산맹자요의(譯註茶山孟子要義)》, 현대실학사, 1994. 본문의 번역을 참고하였다.

버지가 언제 죽었는지는 명확하지 않다. 그래서 정약용 역시 조기의 주석을 문제 삼고 '맹모삼천'의 사실 여부를 의심했다.

6

하면 된다는 독선
실패의 모든 책임을 개인에게

천하에 도가 있을 때에는 큰 덕을 지닌 사람이 작은 덕을 지닌 사람을, 크게 현명한 사람이 조금 현명한 사람을 부린다. 반면 천하에 도가 없을 때에는 힘이 큰 사람이 작은 사람을, 세력이 강한 사람이 약한 사람을 부린다. 이건 거스를 수 없는 하늘의 뜻이니 하늘을 따르는 사람은 보존되고, 하늘을 거역하는 사람은 망한다.

天下, 有道, 小德, 役大德, 小賢, 役大賢, 天下, 無道, 小役大, 弱役强, 斯二者, 天也, 順天者, 存, 逆天者, 亡.

〈이루〉 상편 제7장

맹자는 자신이 살던 전국시대를 말세라고 생각했다. 끊임없이 전쟁이 일어나는 시기였으니 맹자가 아니라 누구라도 그렇게 생각했을 것이다. 그럼 이 말세를 어떻게 극복해야 하는가. 맹자의 생각을 따라가 보겠다.

> "천하에 도가 있을 때에는 큰 덕을 지닌 사람이 작은 덕을 지닌 사람을, 크게 현명한 사람이 조금 현명한 사람을 부린다. 반면 천하에 도가 없을 때에는 힘이 큰 사람이 작은 사람을, 세력이 강한 사람이 약한 사람을 부린다. 이건 거스를 수 없는 하늘의 뜻이니 하늘을 따르는 사람은 보존되고, 하늘을 거역하는 사람은 망한다."

'도'는 '사람이 통행하는 길'이라는 뜻이다. 길은 많은 사람이 공통으로 이용하는 곳이므로, 사람이라면 누구나 지켜야 하는 도덕·법칙·규범 등을 뜻하게 되었다. 중국의 사상가들은 각자의 관점에 따라 도를 설명했는데, 맹자의 유가는 인(仁, 사람을 사랑하다)과 예(禮, 행동 규범)로 해석했다.

이렇게 보면 '천하에 도가 있다'는 말은 '사회에 인과 예가 실현되고 있다'는 뜻이라 하겠다. 이런 사회에서는 덕이나 현명함의 크고 작음에 따라 지위가 결정된다. 반대로 도가 없는 사회에서는 오로지 힘에 따라 서열이 정해진다. 맹자는 이처럼 강대국이 되느냐 약소국으로 전락하느냐 하는 문제는 사람의 힘으로 결정할 수 없으며 오로지 하늘의 뜻에 따라 결정되기 때문에, 모든 사람은 하늘이 내려준 결과를 받아들여야 한다고 생각했다.

> "제경공은 '나라가 약해져서 명령하지도 못하면서 또 명령을 받지 않는다면 이것은 남과 관계를 끊는 것이다'라고 하고는 눈물을 흘리면서 딸을 오(吳)나라에 시집보냈다."

제경공은 춘추(春秋)시대의 인물이다. 한때 안영(晏嬰)이라는 인재를 등용하여 패권을 잡기도 했지만, 얼마 가지 못해 국력이 약해져서 오나라의 왕 합려(闔閭)에게 압박을 당했다. 합려는 제나라를 치려고 했는데, 제경공은 자신의 딸을 합려에게 시집보내서 전쟁을 막으려 했다. 오는 현재 중국의 장강(長江) 이남 지역의 일부를 차지하고 있었는데 이북 지역의 사람들에게 오랑캐 취급을 받았던 나라다. 제경공은 이런 나라로 딸을 보내고 싶지 않았지만, 전쟁이 두려워서 보낼 수밖에 없었다. '남과 관계를 끊는 것이다'는 말은 '세상에서 살아갈 수 없다'는 뜻이다. 맹자는 이 일화를 통해 '천하에 도가 없을 때'의 일을 말하고자 했다.

> "현재의 약소국은 강대국이 하는 행동을 본받고 있으면서 명령받는 건 수치로 여기는데 이건 제자면서 스승에게 명령받는 걸 수치로 여기는 것과 같다."

약소국이 강대국에게 지배당하는 것은 '도가 없을 때' 나타나는 필연적인 결과다. 하늘의 뜻이기 때문에 약소국은 제경공처럼 이 지배를 받아들여야 한다. 그렇지 않으면 그 나라는 망한다. 그런데 지금의 약소국은 강대국의 명령을 받는 것을 수치로 여기기만 하고, 상황을 극복하기 위해 노력을 하지 않고 있다. 어떻게 해야 강대국의 지배에서 벗어날 수 있을 것인가.

> "만약 수치로 여겨서 이를 씻으려 한다면 주나라 문왕을 본받는 것이 가장 좋은 방법이다. 문왕을 본받으면 큰 나라는 5년, 작은 나라는 7년 만에 반드시 천하의 백성을 대상으로 정치를 할 수 있을 것이다."

문왕은 요·순·우·탕과 함께 성군(聖君)으로 추앙받는 사람이다. 원래는 은나라의 제후였는데 인정을 베풀고 꾸준히 힘을 길러서 아들인 무왕이 은나라를 무너뜨리고 주나라를 건국하는 데 기반을 마련했다. 맹자는 현재의 약소국도 문왕을 본받는다면 천하에 군림할 수 있다고 생각했다. 5년, 7년이라고 한

것은 나라마다 환경이 같지 않으므로 인정의 결과가 나타나
는데 시간차가 있다는 것으로 이해하면 되겠다.

《시경》에 이런 말이 있다.

> "은나라 자손의 수는 억(億)일 뿐만 아니었는데 상제가 주나
> 라에 천명을 부여했기에 이들 모두 주나라에 복종했다. 주
> 나라에 복종하게 된 건 천명이 변했기 때문이다. 크고 통달
> 한 은나라 선비들이 주나라의 서울에서 술을 부으며 제사
> 를 도왔다."

이 시를 두고 공자는 이렇게 논평했다.

> "인자(仁者)는 사람이 많아도 당해낼 수 없다. 군주가 인을
> 좋아하면 천하에 대적할 사람이 없다."

인용한 시(詩)는 문왕의 공덕을 찬양한 내용으로 이루어져 있
다. 맹자는 이 시를 통해 한 사람이 인정을 베풀면 상대의 수
가 많더라도 복종할 수밖에 없으며, 이것이 바로 천명임을 다
시 한번 강조했다. 은나라 사람 중에 뛰어난 사람들이 그토록
많았어도 문왕 한 사람을 당해내지 못했던 것처럼 현재의 약
소국이 문왕을 본받는다면 강대국의 인구가 많더라도 겁낼
게 없다는 말이다. 누구나 천하무적(天下無敵, 세상 사람 누구도 그
에게 대적할 수 없다)을 꿈꾼다. 맹자의 생각으로는 문왕을 본받
으면 누구라도 '천하무적'의 상태가 될 수 있다고 생각했다.

현재에는 천하에 자신을 대적할 사람이 없기를 바라면서도 인정을 행하지 않는데 이건 마치 뜨거운 물건을 손에 쥐고 있으면서 물로 식히지 않는 것과 같다. 이를 두고 《시경》에는 "어느 누가 뜨거운 물건을 쥐고도 씻지 않을 수 있겠는가?"라고 했다.

그러나 현재의 약소국은 문왕처럼 인정을 베풀지 않고 있다. 천하에 대적할 사람이 없기를 바란다면, 다시 말해 천하에 군림하려면 인정을 베풀어야 한다. 이처럼 맹자는 전국시대에서 약소국이 살아남고자 하거나 강대국이 되고자 한다면 인정을 행해야 한다고 주장했다.

✳ ✢ ✳

하면 된다고 말하지 마라

전국시대를 '이력가인(以力假仁, 힘으로써 인을 빌리다)'의 시대라 한다. 무력으로 사람을 복종시키면서 인이라는 명분을 내세운다는 말이다. 쉽게 말해 '힘센 놈이 최고'라는 뜻이다. 실제로 그랬다. 맹자가 생존했던 시절 전술가 손빈(孫臏)은 제나라에서, 《오자병법(吳子兵法)》을 쓴 오기(吳起)는 위나라에서 활동했다. 제나라에 공격당해 멸망 직전까지 갔던 연나라를 구해낸 악의(樂毅)도 유능한 장수였다.

이런 상황 속에서 맹자는 전쟁을 거부하고 오로지 인정만을 강조했다. 각국의 왕들은 인정을 베풀어야 한다는 맹자의 주장에 공감했지만, 현실성이 없다고 생각했다. 이것도 문제인데 내가 보기에 맹자가 현실 감각이 없었던 이유는 시대의 변화를 따라가려고 하지 않았기 때문이다. '그럼 사람을 죽이는 게 잘하는 짓이냐?'며 반박을 할 수도 있겠다. 하지만 좋고 나쁘고를 떠나 그 시대는 전쟁의 시대였기 때문에 맹자의 주장을 실현할 수 있는 나라가 없었다.

맹자가 높이는 문왕의 일화도 뜯어보면 맹자가 자기 방식대로 해석한 것에 불과하다. 문왕의 선조들은 은나라의 신하로서 나라를 위협하는 주변 종족들을 제거하면서 강력한 세력을 형성했다. 이들의 세력이 너무 커질까 염려했던 은나라의 왕 문정(文丁)은 문왕의 아버지인 계력(季歷)을 죽였다. 문정을 이어 왕위에 오른 주(紂)는 문왕을 유배 보냈고, 그의 맏아들을 죽여버렸다. 주는 문왕에게 맏아들의 시신으로 만든 곰탕을 보내서 문왕의 충성심을 시험했다. 문왕은 "임금님이 주는 것이니 맛있게 먹겠다"라며 국물을 남김없이 먹어버렸다. 그제야 주는 문왕을 의심하지 않고 내버려두었다고 한다.

이후 문왕은 더욱 자신을 낮추면서 복수할 준비를 했다. 후세에 전술가로 이름을 남긴 태공망(太公望)을 군사(軍師)로 맞아들여 전쟁을 준비했으며, 하나라를 멸망시켰던 탕처럼 은나라를 따르는 주변국을 치면서 주를 압박했다. 문왕이 은나라를 친 건 권력을 잡기 위한 정치투쟁이었다. 자기 종족이 견제를 받고, 억압당한 일에 대한 복수였을 뿐이다. 결국 문왕 역시 '이력가인'을 한 것에 불과하다.

맹자는 현재의 약소국이 살아남으려면 이런 문왕을 본받

으라고 했다. 문왕이 민심을 얻은 건 분명하므로, 맹자가 크게 틀린 말을 한 건 아니다. 그러나 그것만으로는 충분하지 못하다. 문왕은 유능한 전술가를 등용했고, 착실히 전쟁 준비를 했기 때문에 이겼던 것이다. 그런데도 맹자는 문왕과 무왕이 준비를 한 과정은 생략해 버리고, 폭군을 심판한 결과만 강조했다. 게다가 현재 상황은 그때와 모든 면에서 다르다. 일곱 개의 덩치 큰 나라가 패권을 다투고 있으며, 각국의 군주는 은나라의 주처럼 악당도 아니다.

이런 상황인데 맹자는 오로지 인정만을 강조했다. 인정의 가치를 인정한다고 해도 맹자의 말은 하나부터 열까지 뜬구름 잡는 소리에 불과했다. 무슨 근거를 가지고 5년, 7년 안에 성공할 수 있다고 하는지도 알 수 없지만, 전쟁 준비를 하지 않는다면 5년, 7년 안에 나라가 망하는 건 분명하다. 실제로 전국시대에는 약소국이 하나둘씩 망했다. 이들이 망한 이유는 매우 단순했다. 힘이 없었기 때문이다.

맹자의 말을 보고 있으면, 현재 한국의 기성세대들이 입버릇처럼 떠드는 '하면 된다'는 소리가 떠오른다. 일자리가 줄어 취업이 어려워졌는데도 하면 된다고 한다. 이런 소리도 답답할 지경인데, "나 때도 힘들었다. 그래도 먹고살기 위해 무슨 일이든 했다. 요즘 애들 보면 편한 일만 찾으려고 한다. 할일을 찾아보면 많다", "눈높이를 낮춰라"라고 한다. 실패한 사람들에게 "노력이 부족하다"라는 망발을 내뱉는다. 이들은 절대로 사회 구조를 바꾸려고 하지 않는다. 오로지 모든 책임을 개인에게 전가하면서, 옛날처럼 해야 한다고 떠들어댄다. 약소국이 약한 이유를 하늘의 뜻 때문이라고 우기면서, 강대국의 횡포에 대해서는 일언반구도 하지 않은 맹자와 닮았다.

사회 구조와 현실을 전혀 고려하지 않고 하면 된다고 떠드는 데에는 한때 한국 사회를 지배했던 군대 문화가 큰 영향을 주었겠지만, 나는 불변의 기준을 정해 두고 그에 맞추라고 강요하는 맹자의 독선도 적지 않은 기여를 했다고 보고 있다. 어떻게 성현인 맹자와 무식한 군부독재와 비교할 수 있느냐고 할 텐데, 사회 변화를 고려하지 않고 자기 신념만 내세우며, 자신의 신념에 반하거나 이의를 제기하는 사람을 용납하지 않는다는 면에서는 둘이 같으면 같았지 다르지 않다.

이 시간에도 아주 많은 한국의 어른들은 '나 때'를 그리워하며 하면 된다고 떠들어댄다. 맹자는 죽었지만, 당신들은 아직 살아 있다. 세상의 변화를 눈으로 살피고, 후배들의 말을 귀로 들으며, 내 뒤를 이은 세대가 나보다 훨씬 낫다는 마음을 지녀주면 좋겠다. 무작정 한다고 되지 않는다. 노력한다고 해서 모두가 노력의 결실을 얻는 것도 아니다. 하면 된다고 거짓말하지 마라.

문왕에 대하여

무왕의 아버지다. 성은 희(姬), 이름은 창(昌)이다. 은나라를 집어삼킬 뜻이 있었으므로 은나라의 주왕(紂王)이 한때 이 사람을 유폐시키기도 했지만, 석방되어 귀국한 뒤에는 견융(犬戎)·밀수(密須)·여(黎)·한(邗)·숭(崇) 등 여러 나라를 공격하고 풍읍(豐邑)으로 천도했다. 이후 계속 동쪽으로 진격하여 은나라 왕조를 압박했다.

7

다음 날 온 제자에게 화를 내다
속 좁은 어른의 질책

자네가 자오를 따라온 건 그저 먹고살기 위해서지. 나는 자네가 먹고
살기 위해서 옛날의 도를 배웠을 줄 몰랐네.

子之從於子敖來, 徒餔啜也. 我, 不意子, 學古之道而以餔啜也.

〈이루〉 상편 제25장

자역래견아호

子亦來見我乎

"자네도 나를 찾아왔는가?"

《맹자》에는 맹자와 제자들 간에 있었던 일화가 실려 있다. 그 중 악정자는 맹자와 노나라 왕과의 만남을 주선하기도 하면서 스승이 벼슬을 얻기를 바랐다. 맹자도 이런 제자를 무척 아꼈을 것이다.

맹자가 제나라에 있을 때였다. 제선왕이 총애하는 신하인 왕환(王驩)이 노나라에 사신으로 다녀오면서 노나라에 있던 악정자를 데리고 왔다. 악정자는 스승이 있는 곳으로 가서 인사를 했다. 그런데 맹자는 무슨 일 때문인지 악정자를 반기지 않았다.

"자네도 나를 찾아오는구먼?"

악정자는 순간 당황했다.

"선생님께서 왜 이런 말씀을 하십니까."

맹자가 대답했다.

“자네 여기 온 지 며칠이나 됐나?”
“어제 왔습니다.”
“어제 온 거라면 내가 이런 말을 하는 게 당연하지 않나?”
“숙소를 정하지 못해서 그랬습니다.”
“자네는 숙소를 정한 뒤에 어른을 찾아뵙는 거라고 들었나?”
“제가 잘못했습니다.”

맹자는 악정자가 제나라에 도착한 다음 날 찾아온 것 때문에 반기지 않았다. 뭔가 이상하다. 악정자가 일부러 늦게 온 것도 아닌데 맹자는 꾸중을 하고, 악정자는 사죄를 했다. 만약 악정자가 제나라에 도착해서 며칠 동안이나 인사를 하지 않았으면 몰라도 바로 다음 날 찾아온 걸 가지고 저런 반응을 보이는 건 너무한 거 아닌가?

이 문제를 살피는 데 참고할만한 주석이 있다. 악정자의 대답에서 ‘어제’에 해당하는 한자어는 ‘석자(昔者)’인데, ‘어제’라고 해도 되고, ‘얼마 전’, ‘며칠 전’이라고 해도 된다. 조기는 악정자가 말한 ‘어제’를 ‘며칠 사이’라고 풀이했다. 그럼 악정자의 대답은 “며칠 됐습니다”가 된다. 이렇게 보면 맹자의 반응을 두고 꼭 지나쳤다고 보기는 어려울 것 같다.

주희는 ‘석자’를 ‘전일(前日)’이라고 했다. 어제라는 뜻이다. 나는 주희의 주석을 따랐다. 왜냐하면 유력자인 왕환을 따라

온 악정자가 숙소를 구하기 위해 며칠을 보내지는 않았을 거로 봤기 때문이다. 이렇게 해석하면 맹자는 속이 좁은 사람이된다. 주희도 맹자를 그렇게 봤을까? 그랬을 리가 없다. 주희는 이렇게 말했다.

> "왕환은 맹자께서 함께 말하지 않았던 사람이다. 이를 보면 그의 인품을 알 수 있다. 그런데 악정자는 이런 사람을 따라왔으니, 그 자신이 지조를 잃은 잘못이 크다. 게다가 어른까지 찾아뵙지 않았으니 그 잘못은 또 심한 면이 있다. 그래서 우선 어른을 찾아뵙지 않은 것으로 꾸짖은 것이다."

주희의 말에 따르면 악정자의 잘못은 두 가지다. 인품이 훌륭하지 않은 사람을 따라와서 지조를 잃은 것, 어른을 뵙지 않은 것이다. 이 일화의 원문에는 맹자가 악정자의 행동을 꾸짖는 내용만 실려 있는데, 주희는 이 꾸중 안에 맹자의 왕환에 대한 사적인 감정이 개입되어 있다고 보았다. 어찌 보면 날짜를 가지고 꾸중을 한 건 구실일 뿐이라는 말이다.

여기에서 끝이 아니다. 맹자가 보기에 악정자의 잘못은 또 있다. 맹자가 말했다.

> "자네가 자오(子敖, 왕환의 자)를 따라온 건 그저 먹고살기 위해서지. 나는 자네가 먹고살기 위해서 옛날의 도를 배웠을 줄 몰랐네."

'먹고살기 위해서'는 '벼슬자리를 얻기 위해서'라는 뜻이다. 맹자는 악정자가 왕환 같은 사람을 따라온 것도 못마땅할 지경인데, 그런 사람을 통해 벼슬을 얻으려고 하자 더 마음이 상했던 것이다.

✳ ☆ ✳

요즘 어른들은 예의가 없다

주희의 주석을 통해 보면 맹자는 악정자가 늦게 온 것보다 왕환을 따라 왔다는 것 때문에 언짢아했음을 알 수 있다. 인품이 훌륭하지 않은 사람을 따라온 것을 꾸짖어야 하는데 어른을 늦게 찾아온 것도 마찬가지로 죄가 되므로 우선 날짜를 구실로 삼아 꾸중했다고 하는 데에서 확인할 수 있다. 맹자가 왕환을 싫어했던 건 사실이므로 주희의 말에 일리가 있다.

그러나 주희의 주석은 《맹자》의 전반적인 내용을 이해하는 데에는 도움이 되지만, 본질을 가리는 측면도 있다. 맹자의 속마음을 짐작해서 왕환을 따라온 것에 비중을 두었지만, 어쨌든 맹자는 악정자의 늦은 인사에 대해 화를 낸 것이 이 일화의 본질이다. 일부러 늦게 온 것도 아니고, 합당한 이유가 있어서 그런 걸 가지고 이렇게까지 화를 낼 일은 아니었다.

무슨 생각으로 저런 우스운 이야기를 남겨놓았는지 알 수 없지만, 남겨둔 것으로 보아 맹자의 행동에는 잘못이 없으니 후대의 사람들이 본받기를 바랐던 것 같기도 하다. 하지만 맹자가 잘못했고, 본받아서는 안 되는 일이다. 모든 사람이 내게 맞춰주기를 바라며 떼를 쓰는 어린아이 같은 짓을 본받을 이유가 없다.

한편 주희의 말대로 자신이 싫어하는 왕환을 따라왔고, 그를 통해 벼슬을 얻으려는 제자의 태도가 마음에 들지 않아서 트집을 잡은 거라고 가정해 보자. 그래도 맹자는 그렇게 해선 안 됐다. 악정자는 맹자의 마음을 읽을 수 없기 때문이다. 당장 눈앞에는 늦게 온 걸 가지고 비꼬는 스승의 모습만 있을 뿐이다. 맹자는 매우 직설적으로 말하는 사람이다. 주희의 생각처럼 속마음을 숨기고 우회적으로 표현하는 사람이 아니었다. 이래서 주희의 주석은 받아들이기 어렵다.

다행히 내 주변에는 저런 어른이 드물다. 지금껏 살면서 배웠던 선생님들 모두 내가 조금 늦게 찾아뵈어도 "바쁠 텐데 어떻게 왔는가. 고맙네"라고 하시거나, "먼 길 오느라 피곤할 텐데 쉬게"라고 하셨다. 맹자처럼 면전에서 타박을 하면서 비꼬는 분은 없었다. 물론 저렇게 인자한 분들도 내가 잘못을 하면 엄하게 꾸중을 하셨다. 어른의 권위는 이렇게 세우는 것이다.

어른이라고 불리는 사람들이 이 일화를 보면서 자신을 돌아봤으면 한다. 특히 요즘 애들이 예의가 없다고 믿는 어른이라면 더욱 이 일화를 통해 반성해야 한다. 맹자의 말이라고 해서 다 옳지 않듯, 내 말도 마찬가지다. 한발 양보해서 저 행동이 옛날에는 옳았다고 하더라도 지금에는 전혀 옳지 못하다. 더구나 요즘엔 맹자처럼 내가 어른입네 하면서 억지를 쓰면 무시당한다. 무시당할 짓을 해놓고 남을 탓해선 안 된다.

악정자에게는 잘못이 없다. 예의가 없는 사람은 요즘 애들이 아니라 요즘 어른일 수도 있다.

선생에 대하여

통상 전국시대에는 자신의 스승을 가리킬 때 부자(夫子)라고 했다. 그런데 악정자는 맹자를 선생(先生)이라 불렀다. 당시 '선생'은 일반 남자에 대한 존칭으로 사용되었다. 이래서 한국의 정약용은 저서 《맹자요의(孟子要義)》에서 "제자는 성사(聖師, 거룩한 스승)를 모두 '부자'라고 불렀는데 악정자는 난데없이 맹자를 '선생'이라 불렀으니 의문스럽다"라고 했다.

2부 선 긋기의 기술

2부 선 긋기의 기술

8

나이가 전부는 아니다
무례한 권위주의

공자의 제자이신 증자께서는 말씀하셨지요. '진나라와 초나라의 부유함은 내가 따라갈 수 없다. 그렇지만 저들이 부유함을 갖고 나를 대한다면 나는 나의 인으로써 상대할 것이고, 저들이 벼슬을 갖고 나를 대한다면 나는 나의 의(義)로써 상대할 것이다. 나한테 무엇이 부족하겠는가.' 훌륭하신 분인 증자께서 의롭지 못한 것을 말씀하셨을까요? 이 역시 군주를 대하는 방법의 하나일 겁니다. 세상에서 공통으로 인정하는 것이 세 가지 있습니다. 벼슬·나이·덕이 그것입니다. 조정에서는 벼슬이 제일이고, 시골 마을에서는 나이가 제일입니다. 세상을 돕고 백성을 자라게 하는 데는 덕이 제일이지요. 그런데 어떻게 그중 한 가지인 벼슬만을 갖고 있으면서 나이와 덕을 가진 사람을 업신여길 수 있습니까.

曾子曰, 晉楚之富, 不可及也. 彼以其富, 我以吾仁, 彼以其爵, 我以吾義, 吾何慊乎哉, 夫豈不義, 而曾子, 言之, 是或一道也. 天下, 有達尊, 三, 爵一, 齒一, 德一, 朝廷, 莫如爵, 鄕黨, 莫如齒, 輔世長民, 莫如德, 惡得有其一, 以慢其二哉.

〈공손추〉 하편 제2장

향당막여치

鄕黨莫如齒

"마을에서는 나이만 한 것이 없다."

전국시대에는 왕이 직접 명성 있는 사람의 집에 찾아가서 대화하거나 자문하는 일을 일종의 관례로 여겼다. 자신보다 지위가 낮은 사람을 찾아감으로써 상대를 존중하고, 인재를 등용하겠다는 의지를 보여주면 주변이나 이웃 나라에 선전이 되는 효과를 얻을 수 있기 때문이었다. 이런 배경을 알고 제선왕과 맹자 사이에 있었던 일을 읽어보겠다.

제선왕과 맹자는 언제 어느 날 만나기로 약속했는데 당일에 제선왕은 감기에 걸리고 말았다. 사람을 보내서 말을 전했다.

"찾아가서 뵈려고 했는데, 감기가 있어서 바람을 쐬면 안 된답니다. 오늘 아침 대궐에서 조회를 하려는데 이 자리에서 선생을 뵐 수는 없겠는지요?"

맹자가 대답했다.

"불행하게도 저 역시 병이 있습니다. 조회에 나갈 수 없겠습니다."

그런데 맹자는 다음 날이 되자, 제나라의 대부였던 동곽씨(東郭氏)의 집으로 문상을 갔다. 제자 공손추(公孫丑)가 한마디한다.

"어제 병이 있다고 하셔놓고 곧바로 오늘 조문을 가시는 건 옳지 않은 일 같습니다."

왕이 불렀는데 아프다는 핑계를 대고 가지 않았으니 제자가 보기에는 스승이 좀 더 누워 있어야 그림이 나온다고 생각했던 것 같다. 진짜 아픈 모습을 보여줘야 왕이 기분 나빠하지 않을 테니까 말이다. 맹자는 이런 제자의 마음을 아는지 모르는지 간단하게 대꾸했다.

"어제의 병이 오늘 좋아졌는데 어떻게 조문을 안 갈 수가 있겠나?"

한편 제선왕은 맹자가 아프다는 말을 듣고 친절하게도 의사를 보내 문병하게 했다. 의사가 와서 보니 환자는 어디로 갔는지 없고 맹자의 사촌 형제라고 생각되는 맹중자(孟仲子)가 집에 있었다. 이대로 의사가 돌아가면 의사는 "그 사람 아프다더니 어디 갔는지 없던데요"라고 보고를 할 것이다. 그렇게 되면 결과적으로 맹자가 거짓말을 한 게 되어버리거나, 그렇지 않다고 해도 보고를 받은 제선왕 기분이 좋을 리가 없을 것이다. 맹중자는 의사에게 둘러댔다.

> "어제 왕명이 있었지만 병이 있어서 조정에 나가지 못했습니다. 그런데 오늘 조금 좋아졌는지 조정으로 달려 나갔습니다. 지금쯤 도착하셨을지 아닌지는 잘 모르겠습니다만."

그러고는 몇 사람을 시켜서 맹자가 다닐 만한 길에서 기다리게 했다.

> "집으로 돌아가지 마시고 조정으로 가세요."

집에 돌아올 수 없게 된 맹자는 할 수 없이 대부인 경추씨(景丑氏)의 집에서 하룻밤 신세를 지게 되었다. 경추씨는 그간의 사정을 알고 있었는지 맹자의 행동을 문제 삼으며 따지기 시작했다.

> "안으로는 부자(父子), 밖으로는 군신(君臣)이 인간의 큰 윤리입니다. 부자 사이는 은혜가 주가 되고, 군신 사이는 공경이 주가 됩니다. 그런데 저는 우리 임금이 선생을 공경하는 것은 봤는데 선생이 우리 임금을 공경하는 건 못 봤습니다."

왕은 맹자를 걱정해서, 아니 공경해서 의사까지 보내주었는데, 지금 맹자는 감사 인사도 하지 않고, 그렇다고 왕을 찾아가지도 않았다. 경추씨 입장에서는 할 수 있는 말이라고 볼 수 있겠다. 맹자는 이렇게 반박했다.

> "무슨 말을 그렇게 하십니까. 제나라 사람들이 인의(仁義)를 갖고 왕과 함께 이야기하는 사람이 없는 것이 인의 자체가 좋지 않다고 생각해서 그런 거겠습니까? 아마 '이런 사람과 어떻게 인의를 말할 수 있겠어?'라고 생각해서일 것입니다. 만약 이렇게 생각했다면 이것보다 큰 불경함은 없을 겁니다. 저는 요순의 도가 아니면 감히 왕 앞에서 말씀드리지 못합니다. 제나라 사람 중에 저처럼 왕을 공경하는 사람은 없을 겁니다."

경추씨는 맹자의 행위에 '공경'이 없다고 지적했는데, 댕자는 공경의 '의미'를 갖고 반박하고 있다. 옳고 그름을 떠나 이건 경추씨의 질문에 대한 대답이라고 할 수 없다. 맹자는 한술 더 떠서 '나는 인의를 갖고 말하는데 너희들은 그러는 사람이 없다. 그러니까 왕을 공경하지 않는 사람은 내가 아니라 너희들이다'라며 제나라 사람 모두를 공격했다. 이처럼 공격적인 동문서답을 듣고도 경추씨는 찬찬히 설명해 줬다.

> "아뇨. 그런 걸 말한 게 아닙니다. '예'에서는 말했지요. '아버지가 부르면 느릿느릿 대답하지 않으며, 군주가 명령으로 부르시면 말에 멍에가 얹어질 때까지 기다리지 않는다'고.

그런데 선생께서는 원래 조회하러 가려다가 왕명을 듣고서
도 결과적으로 실행하지 않았으니 이건 예의에 어긋나는
것 같다는 말씀입니다."

여기까지 이야기를 듣고서야 맹자는 자기 속내를 밝히기 시
작했다.

"저 역시 당신처럼 그런 걸 말한 게 아닙니다. 공자의 제자
이신 증자께서는 말씀하셨지요. '진나라와 초나라의 부유함
은 내가 따라갈 수 없다. 그렇지만 저들이 부유함을 갖고 나
를 대한다면 나는 나의 인으로써 상대할 것이고, 저들이 벼
슬을 갖고 나를 대한다면 나는 나의 의(義)로써 상대할 것
이다. 나한테 무엇이 부족하겠는가.' 훌륭하신 분인 증자께
서 의롭지 못한 것을 말씀하셨을까요? 이 역시 군주를 대하
는 방법의 하나일 겁니다. 세상에서 공통으로 인정하는 것
이 세 가지 있습니다. 벼슬·나이·덕이 그것입니다. 조정에서
는 벼슬이 제일이고, 시골 마을에서는 나이가 제일입니다.
세상을 돕고 백성을 자라게 하는 데는 덕이 제일이지요. 그
런데 어떻게 그중 한 가지인 벼슬만을 갖고 있으면서 나이
와 덕을 가진 사람을 업신여길 수 있습니까. 그러므로 앞으
로 크게 보람 있는 일을 할 군주에게는 반드시 함부로 부르
지 못하는 신하가 있는 법입니다. 하고 싶은 일이 있으면 찾
아갔으니 덕을 높이고 도를 즐거워하는 것이 이렇지 않으
면 함께 보람 있는 일을 할 수 없습니다."

맹자 자신은 나이도 많고 덕도 있는데, 나이도 어리고 덕도 없는 사람이 왜 함부로 자신을 부르느냐고 따지고 있다. 이어서 맹자는 옛날의 왕들이 함부로 부르지 못했던 신하 몇 명을 예로 들면서 현재 모든 나라가 고만고만한 이유는 군주 자신이 가르칠 수 있는 사람을 선호하기 때문이라고 덧붙였다.

이 일화에 대한 주희의 주석을 보면 유학자들의 생각을 알 수 있다.

> "맹자는 본래 왕에게 조회하려 했는데 왕이 이것을 모르고 병을 핑계로 맹자를 불렀다. 그래서 맹자 역시 병으로써 사양했다."
> "병으로 사양하고 동곽씨의 집으로 나가 조문한 것은 공자가 유비(孺悲)를 만나보지 않고, 비파를 취하여 노래한 것과 같은 뜻이다."

왕이 맹자를 찾아가는 것이 예의인데 그렇지 않고 부르니까 왕에게 은근히 항의하는 뜻으로 가지 않았다는 말이다. 공자가 유비를 만나지 않은 내용은 《논어》의 〈양화(陽貨)〉 편에 보이고 있다. 공자는 잘못을 저지른 유비가 찾아와서 만나기를 청하자 병이 있다고 하면서 만남을 거부했다. 이때 유비는 문 밖에서 공자의 하인을 기다리고 있었는데 하인이 나와서 '공자께서 편찮으시다'고 했다.

유비가 그 말을 듣고 돌아가려는데, 공자는 비파를 타면서 즐겁게 노래를 불렀다. 아파서 유비를 만나지 않은 게 아니라 유비가 무언가를 잘못했다는 이유로 만나주지 않은 것이다. 유비라는 사람이 무엇을 잘못했는지는 《논어》 본문이나 주석에도 나타나 있지 않다. 중요한 것은 공자가 유비의 잘못을 문제 삼으면서 만나지 않았다는 데에 있다. 어쨌든 주희는 공자와 맹자의 행동을 동일시했다. 제선왕이 직접 찾아오지 않은 잘못을 간접적으로 꾸짖었다는 말이다.

✸ ✧ ✸

'향당막여치'는 격언이 아니다

맹자 자신이 그렇게 생각하고 행동을 하겠다는데 어쩌겠나. 다만 나는 맹자가 자신의 행위를 정당화한 내용에 동의할 수 없다. 공경의 바탕에 '인의'가 있어야 하고, 왕의 면전에서 요순만 말해야 한다는 건 맹자의 신념일 뿐이다. 그걸 받아들일지 말지는 전적으로 상대의 선택에 달린 문제다. 그런데 맹자는 일방적으로 자신의 신념만 내세웠고, 이를 기준으로 상대를 깎아내렸다. 이건 현재 이른바 '꼰대'라 불리는 사람들이 하는 행동과 비슷하다. 꼰대는 자기 생각만 옳다고 믿으며, 자신의 기준을 적용하여 남을 평가하고, 일방적으로 자기주장만 되풀이한다.

더 나아가 맹자는 자신이 덕이 있고, 나이도 많으므로 대접받아야 한다고 주장하였는데, 이 역시 전형적인 꼰대의 모습이라고 할 수 있다. 꼰대들은 이 중에서 특히 '향당막여치

(鄕黨莫如齒)’ 다섯 글자를 진리로 여긴다. 많은 나이를 무기로 삼아 상대를 무시하거나 가르치려 든다. 자기 말을 들어주지 않으면 화를 내며, 심지어 상대를 폭행하기도 한다. 한국에서 살아온 사람이라면 나이 많은 사람에게 봉변을 당한 경험이 있을 것이다.

나이 때문에 사소한 다툼이 생기기도 하고, 큰 사고가 일어나기도 한다. 큰 사고는 술이 동반된 경우가 많은데, 술을 마시다가 나이 문제로 시비가 생겨서 사람이 죽는 일은 일일이 열거하기도 어려울 만큼 흔하다. 사실 다툼에 나이를 개입시키는 것부터 잘못된 일이다. 잘못은 나이를 가리지 않기 때문이다. 그런데도 꼰대는 옳고 그름을 가리면서 일과 아무런 관련이 없는 나이를 거론하며 자신의 정당성을 주장한다. 나이 많은 사람은 옳고, 나이가 적은 사람은 숙여야 한다는 사고가 바탕에 있기 때문이다. 이런 폭압적이고 불합리한 사고 방식을 정당화해 주는 근거 중의 하나가 바로 ‘향당막여치’다.

일반적으로 나이로 상대를 누르는 사람은 중장년층이나 노년층에 많다. 수직적이고 폭력적인 군사 문화가 판을 치던 분위기에서 자라 학교에 다니면서 ‘학번’에 따라 서열이 정해졌던 시기를 겪었기 때문이다. 이들은 나이가 적은 사람의 이의 제기 자체를 용납하지 못한다. 그렇게 살아와서 그렇다. 말다툼은 물론, 토론할 때도 논리가 궁색해지면 “너 몇 살이야?”, “나이도 어린 게 버르장머리가 없다”라면서 화를 주체하지 못한다.

그럼 청년들은 나이를 따지지 않는가? 그렇지도 않다. 오히려 어떤 면에서는 윗세대보다 더한 면이 있다. 분명 동갑인데 '빠른 ○○년 생', '늦은 ○○년 생'이라고 하면서 생일이 빠른 사람이 윗자리를 차지하려 한다. 윗세대가 나이로 짓누르는 걸 싫어하고 비판하면서 정작 자신들도 그들과 똑같이 사고하고 행동하는 것이다. 이런 사람들을 '젊은 꼰대'라고 부르는데, 이들은 나이 많은 사람을 꼰대라고 부르면서 자신들은 꼰대가 아니라고 믿는다. 그렇지 않다. 남과 사귀거나 일을 할 때 나이부터 내세우는 게 바로 꼰대다.

이런 악습이 하루아침에 사라질 거라고 보진 않는다. 그러나 사라져야 할 악습임에는 틀림없다. 예의는 나이 적은 사람이 나이 많은 사람을 대접하라고 있는 게 아니다. 젊은 사람들에게 예의 없다고 한탄하며 분개하기보다는 내가 먼저 젊은 사람을 낮잡아 보지 않았는지 살펴야 한다. 예의는 나이와 관계없이 서로가 지키는 것이다. 향당막여치는 격언이 아니다. 하루빨리 버려야 할 말일 뿐이다.

9

싫으니 말을 섞지 않는다

예를 핑계로 한 감정 표출

조정에서는 다른 사람의 자리를 지나가서 남과 말하지 않고, 계급을 뛰어넘고 서로 읍(揖)을 하지 않는 것이 예다. 나는 이런 예를 행하려 한 것인데 자오는 내가 그를 대수롭지 않게 여긴다고 하니 이상한 일 이로군.

禮, 朝廷, 不歷位而相與言, 不踰階而相揖也, 我欲行禮, 子敖, 以我爲簡, 不亦異乎.

〈이루〉 하편 제27장

아욕행례

我欲行禮

"나는 예를 행하려 했다."

제나라의 대부 중에 공항자라는 사람이 있었는데 이 사람의 아들이 죽었다. 맹자는 조문을 갔다. 이후 우사(右師) 벼슬을 하고 있던 왕환이 왔다. 조문객들은 왔던 왕에게 총애받는 신하인 왕환이 오자 앞다투어 인사하기에 바빴다. 왕환이 자리를 잡지도 않았는데 앞에 다가가서 말을 걸거나 왕환이 자리에 앉자 그 자리까지 가서 대화를 나누기도 했다. 그런데 유독 맹자만 왕환과 이야기를 하지 않았다. 다른 사람들은 모두 자신에게 인사를 하는데 맹자만 가만히 있자 왕환은 기분이 좋지 않았다.

"군자들이 모두 나와 말을 하는데 맹자만 이야기를 하지 않으니 이건 나를 업신여기는 것이로구먼."

맹자가 나중에 이 말을 들었는지 아니면 그 자리에서 들었는지 확실하지는 않다. 누군가에게 이렇게 말했다.

　　"조정에서는 다른 사람의 자리를 지나가서 남과 말하지 않고, 계급을 뛰어넘고 서로 읍(揖)을 하지 않는 것이 예다. 나는 이런 예를 행하려 한 것인데 자오는 내가 그를 대수롭지 않게 여긴다고 하니 이상한 일이로군."

아는 사람과 말을 하지 않은 맹자도 그렇지만, 아들을 잃은 사람의 집에 와놓고 사람들이 자기한테 인사를 하지 않는다고 삐치는 왕환도 웃긴다. 조기는 이 대목을 두고 이렇게 해석했다.

　　"예를 말한 것은 마음속으로 자오를 미워하면서 겉으로 그 말을 따른 것이다."

맹자는 자오를 싫어했는데 겉으로 티를 내면 곤란하니까 예를 인용하면서 핑계를 댔다는 말이다. 그럼 이 예의 내용은 무엇인가? 이에 대해서 주석에서는 《예기(禮記)》의 〈곡례(曲禮)〉 편에 나오는 내용을 제시했다.

　　"초상에 임해서는 웃지 않고, 반드시 자신의 자리를 벗어나서 남에게 읍을 한다."

이 내용을 참고해 보면 왕환에게 인사한 사람들이 큰 잘못을 한 게 아니라는 해석도 가능하다. 오히려 맹자가 억지를 쓰고 있지는 않은가 하는 생각까지 하게 된다. 초상집과 즈정에 적용하는 예법은 다를 텐데 같다고 했기 때문이다. 그러나 조기는 맹자의 행동에 대해 구체적으로 논평은 하지 않고, 맹자가 왕환을 싫어하는 마음을 감추기 위해 예를 끌어왔다고 하는 선에서 그쳤다.

그럼 이 대목을 두고 주희는 뭐라고 했을까? 주희는 맹자를 성인에 가까운 지위까지 끌어올린 사람이었으므로 맹자를 옹호했다.

> "이때 제나라 경대부들은 왕의 명에 따라 조문을 가서 각자 자리의 차례가 있었다. 《주례(周禮)》에 벼슬이 있는 모든 사람의 상례에는 일을 맡은 사람이 그 자리에 가서 금령(禁令)을 맡아 그 일을 차례대로 하는 것처럼 했다. 그러므로 맹자는 조정이라고 말한 것이다. … 맹자는 감히 이 예를 잃을 수 없었으므로 우사와 말을 하지 않은 것이다."

정황으로 봤을 때 정해진 자리가 있었을 가능성이 높아 보이기는 한다. 본문 전체를 통해 '자리'에 대한 말이 나오기 때문이다. 그러나 자리가 정해지려면 주희의 말처럼 조문을 온 모든 이들이 왕명을 받고 온 사람이어야 한다. 주희는 맹자가 '조정의 예'를 거론한 것을 실마리로 삼아서 《주례》의 내용을 제시했지만, 조문을 온 사람들이 왕명을 받았는지는 알 수가 없다. 왕명이 있었을 가능성은 있겠지만, 근거로 삼기에는 부족하다. 이 일화의 본문에 나오지 않기 때문이다.

하나의 행동을 두고 조기와 주희는 다른 시각으로 해석했

다. 조기의 주석을 보면 맹자도 그리 잘한 것은 없고, 주희의
주석을 보면 맹자의 행동은 정당하다.

✳ ❁ ✳

나는 조기의 주석에 동의한다.

두 주석 모두 나름대로 근거가 있고, 일리도 있다. 그러나 나
는 조기의 주석에 동의한다. 이 일화에는 맹자가 왕환을 싫어
하는 모습이 나타나지 않지만, 다른 일화에서는 맹자가 조금
은 지나쳐 보일 만큼 왕환을 무시하는 걸 볼 수 있어서 그렇
다. 〈공손추〉 하편에 이런 일화가 수록되어 있다.

맹자가 제나라에 있을 때, 왕명을 받아 왕환과 함께 등(滕)
나라에 조문을 간 적이 있었다. 이때 왕환은 합(蓋)이라는 고
을의 수령을 맡고 있었다. 맹자는 제나라의 경(卿)의 지위를
가지고 있었고, 왕환은 맹자를 보좌하는 부사(副使)였다. 며칠
을 다녀왔는지는 알 수 없고, 꽤 긴 시간 동안 둘이 함께 있었
던 것 같다. 그런데 맹자는 조문 기간에 매일 아침저녁으로
찾아오는 왕환과 일정에 대해 단 한마디도 하지 않았다. 공손
추가 물었다.

"제나라 경의 지위는 낮지 않으며 제나라와 등나라의 길은
가깝지 않습니다. 그런데 이 길을 왕복하도록 왕환과 일정
에 대해 이야기하지 않는 건 어째서입니까?"

공손추는 스승인 맹자가 부사까지 데리고 다니면서 중요한 일을 하게 되었는데 어째서 가장 가까운 부사와 공적인 일에 대해서 단 하루도 토의를 하지 않느냐고 물은 것이다. 이에 맹자가 대답했다.

"이미 어떤 사람들이 해놨을 건데 내가 무슨 말을 할 게 있겠어?"

일은 실무를 맡고 있는 사람들이 다 했을 텐데 굳이 왕환과 대화할 필요가 없다는 말이다. 얼핏 봐도 이해가 되지 않는다. '밑에서 알아서 했겠지 뭐'라고 읽을 수도 있을 만큼 무책임해 보이기도 한다. 한발 양보해서 그럴 수 있다고 하더라도 공적인 일정을 함께 하는 사람한테 일에 대해 이야기하지 않을 수 있을까? 공손추가 이런 말을 듣고 고개를 끄덕이진 않았을 것 같다.

주희도 맹자의 행동이 이상해 보이긴 했나 보다. 이래서 주희는 주석을 통해서 제나라의 경은 맹자가 아니라 왕환이라고 했다. 왕환이 경을 대리했다고 본 것이다. 이 주석에 따르면 공손추의 질문은 이렇게 읽을 수 있다.

"왕환의 지위는 높고, 두 나라 사이의 길도 멉니다. 그런데 왜 왕환이랑 일정에 대해 이야기하지 않나요?"

그러니까 왕환의 지위가 너무 높아 조심하는 차원에서 말을 하지 않았느냐고 물어본 게 된다. 어떻게든 맹자의 행동을 이해하고 옹호해 보려고 하는 것 같다. 그러나 주희의 주석은 애초에 말이 되지 않는다. 초순의 《맹자정의(孟子正義)》에서는 이렇게 못을 박았다.

> "분명 본문의 서두에서 '맹자가 제나라의 경이 되어서'라고 밝혔고, 왕환은 '합 고을의 대부'라고 밝혀놓았으니 여기서는 맹자를 가리키는 것으로 봐야 한다."

이 두 일화를 놓고 보면 조기의 말대로 맹자는 왕환을 싫어해서 말을 섞지 않은 것이다. 맹자가 왕환을 싫어했던 이유는 근거 자료가 없어서 알 수 없다. 왕환은 왕에게 총애받는 사람이었는데, 이것에 대한 반감인지, 초상집에 와서 자기한테 인사를 안 한다고 삐치는 것이 속이 좁다고 생각해서인지 모르겠지만 어찌 되었든 맹자는 왕환을 싫어했다.

맹자 같은 어른은 되지 않아야

사실 주희도 맹자가 왕환을 싫어하는 걸 간접적으로는 인정했다. 맹자가 왕환과 일정에 대해 말하지 않은 걸 두고 이렇게 말했다.

> "맹자께서 소인을 대함에 미워하지 않으면서도 엄격한 것이 이와 같으셨다."

주희가 보기에 왕환은 '소인'이다. 이 말 안에 다 들어 있다. 왕환이 하는 짓을 보면 소인이 맞기는 한 것 같다. 그러나 그렇다고 해서 맹자의 행동을 이렇게 옹호해선 안 되고, 남을 대할 때 저렇게 대해서도 안 된다. 싫어하는 사람과 말을 섞지 않는 건 전적으로 그 사람의 의지에 달린 문제다. 그렇다고 해서 공적인 일에까지 사적인 감정을 개입시키거나, 상황에 맞지도 않는 근거를 들이대면서 합리화해선 안 된다.

그러나 현실에는 저런 어른이 꽤 많다. 누군가를 싫어하면서 대놓고 욕은 하지 않지만, 맹자처럼 말을 섞지 않는 것으로 자신의 의사를 내비친다. 같이 일을 하면서 의도적으로 싫어하는 사람을 배제한다. 그러면서 누군가가 지적하면 "나는 그 사람을 싫어하지 않는다"라고 하면서 애써 모른척하려 든다. 누가 봐도 그 사람을 싫어하는데, 아니라고 우기며 태연한 모습을 보이려 노력한다. 이런 어른과 잠시 만나는 건 고역이고, 함께 지내면서 일을 하는 건 불행이다. 남에게 해를 끼치지 않기 위해서라도 이런 어른은 되지 않아야겠다.

《맹자》에 나오는 폐인과 폐신

'폐(嬖)'는 '총애하다'는 뜻이다. 부정적인 의미를 담고 있는 말인데, 《맹자》에는 폐인(嬖人, 총애받는 사람), 주희의 주석에는 폐신(嬖臣, 총애받는 신하)이라는 표현이 나온다. 우선 '폐인'은 노나라 평공과 맹자의 만남을 방해한 장창이고, 왕환의 경우는 주희가 '폐신'이라 지칭했다.

10

누워서 손님 맞기

예의를 통한 관계 단절의 억지

당신이 나를 위해 생각을 했지만 목공이 자사에게 했던 행동에는 미치지 못하니, 당신이 나를 끊는 겁니까? 아니면 내가 당신을 끊은 겁니까?

子爲長者慮而不及子思, 子絶長者乎, 長者絶子乎.

〈공손추〉 하편 제11장

자절장자호, 장자절자호

子絶長者乎, 長者絶子乎

**"당신이 나를 끊는 겁니까?
아니면 내가 당신을 끊은 겁니까?"**

제선왕은 맹자를 등용하지 않기로 마음을 먹었지만, 마음 한 구석엔 그를 아끼는 마음이 남아 있었다. 그래서 맹자에게 실권이 있는 벼슬을 주지 않았지만, 좋은 거처를 마련해 줄 테니 머물면서 사람들을 가르쳐 달라고 제안했다. 맹자는 제나라에서 벼슬을 얻으려고 했기 때문에 거절하고 제나라를 떠났다.

맹자는 제나라의 수도 임치의 서남쪽에 있는 주에서 사흘을 머물렀다. 어떤 사람이 제선왕을 위해 맹자를 만류하려고 찾아왔다. 그런데 맹자는 이 사람의 말을 들은 체도 하지 않고 안석에 기대어 누워버렸다. 손님은 불쾌했다.

"저는 하룻밤 재계한 뒤에 감히 말씀드렸는데, 선생님은 누워서 듣지도 않으시니 다시는 뵙지 않으려 합니다."

이런 말을 듣고서야 맹자는 일어나 바로 앉았다.

"앉아보십시오. 제가 분명히 말씀해 드리겠습니다. 옛날에 노나라 목공(繆公)은 자사(子思)의 곁에 자신의 성의를 전달할 사람이 없으면 그가 떠나버릴까 봐 걱정한 나머지 늘 자사의 옆에 사람을 놔둬서 자사를 편안하게 해주지 못했습니다. 그리고 목공의 신하인 설류(泄柳)와 신상(申詳)은 목공의 곁에 뛰어난 보좌역이 없으면 자신들이 불편해했습니다."

"…."

"당신이 나를 위해 생각을 했지만 목공이 자사에게 했던 행동에는 미치지 못하니, 당신이 나를 끊는 겁니까? 아니면 내가 당신을 끊은 겁니까?"

이 일화를 이해하기 위해서는 약간의 배경지식이 필요하다. 노나라 목공은 공자의 손자인 자사를 존경한 나머지 늘 자사에게 사람을 보내 안부를 묻거나 좋은 음식을 보내면서 성의를 보이려 했다. 이렇게 하지 않으면 자사가 자신의 곁에서 떠나버릴 거라고 생각했다. 그러나 자사는 이런 목공의 호의가 불편했다. 목공이 보낸 사람을 만나는 것이 일이 되어버릴 지경이었다. 게다가 왕이 선물을 보내면 신하는 절을 하고 받게 되어 있었다. 자사는 선물을 받을 때마다 절을 해야 하니 이것도 꽤 귀찮은 일이었다. 자사는 이런 말을 하면서 불편한 마음을 드러냈다.

"이제야 왕이 개와 말을 갖고 나를 길러준다는 것을 알겠다!"

'자사를 편안하게 해주지 못했다'는 말이다. 맹자는 자사가 불편함을 느끼긴 했지만, 목공의 행동이 어른을 공경하는 마음에서 나왔다는 점은 인정했다. 설류와 신상은 목공의 신하였다. 이들은 목공의 옆에 뛰어난 사람이 없을까 봐 걱정했고, 만약 그런 사람이 없으면 자신들이 불편해했다고 한다.

"당신이 나를 끊는 겁니까? 아니면 내가 당신을 끊은 겁니까"라고 물은 것은 앞서 맹자가 손님의 말을 들은 체도 하지 않고 누워버린 걸 해명하는 말로 보면 되겠다. 이 대목은 주희의 주석을 보면 이해하기 편하다.

> "제선왕이 당신을 보내지 않았는데 당신은 왕을 위해 나를 만류하려 한다. 이것은 나를 위하는 생각이 목공이 자사를 만류했던 것에 미치지 못한다. 결과적으로 당신이 나를 먼저 끊은 것이다. 내가 눕고 대답하지 않은 행동이 어떻게 당신을 먼저 끊은 것이 되겠는가?"

손님은 이곳에 오기 전에 제선왕에게 맹자를 만나겠다고 말하지 않았고, 제선왕도 그런 명령을 하지 않은 것으로 보인다. 손님은 제선왕을 위해서 온 것이지 맹자를 공경하는 마음으로 찾아온 건 아니라는 말이다. 게다가 손님과 맹자는 면식이 없는 사이다. 맹자로서는 이런 사람이 갑자기 찾아와서 자신을 만류하는 것이 이해되지 않았다. 쉽게 말해 이미 관계가 단절된 상태였다는 말이다. 조기 역시 이와 유사한 해석을 내놓았다.

> "당신이 나를 위한다고는 하지만 자사가 살았던 시절의 현
> 명한 사람들(설류·신상)만은 못하다. 왕에게 나의 도를 실현
> 할 수 있도록 하지는 않으면서 나한테 머무르라고만 하고
> 있는데 무슨 이유로 머무르라고 하는 것인가? 이것은 당신
> 이 나를 끊은 것인가? 내가 당신을 끊은 것인가? 왜 성을 내
> 는가?"

조기는 손님이 맹자를 훌륭한 사람이라 생각했다면 제선왕
옆에 맹자와 같은 사람이 없는 것을 안타깝게 여기며, 왕에게
맹자를 등용하라고 권했어야 한다고 생각했다. 이런 마음과
행동도 없이 무작정 맹자를 붙잡으려고만 했으니 맹자로서는
당연히 받아들일 수 없었다는 말이다. 즉 맹자에게는 잘못이
전혀 없다는 것이다.

✳ ✵ ✳

관계를 단절한 사람은 맹자다

《맹자》의 글, 조기와 주희의 주석은 맹자가 옳다는 걸 전제로
하고 있다. 그래서 다 읽고 나면 맹자를 비판하기 어렵다. 글
의 서두에 '왕을 위해 맹자의 발걸음을 만류하는 사람이 말을
했다'고 하면서 손님의 의도가 순수하지 않다는 점을 부각해

두었기 때문에 맹자의 행동은 정당화된다.

그렇다고 하더라도 맹자의 행동은 잘못되었다. 누구를 위해서 왔든지 자신을 찾아온 손님을 삐딱하게 누워서 맞이하는 것이 과연 옳은 일인가? 게다가 상대는 최소한 형식적이나마 예절을 갖추고 있는데 왜 이토록 무례한 태도를 보이는지 알 수 없다. 이유 불문하고 맹자는 매우 무례했다.

손님도 마냥 잘했다고만 하기는 어렵다. 곧바로 화를 내면서 다시는 만나지 않겠다고 하는 게 아니라 왜 그러시냐고 묻기는 해야 했다. 아쉬운 건 자신이니까 그렇다. 설득하러 온 사람의 태도는 아니다. 내가 보기엔 성질 급한 젊은이와 꼬장꼬장한 늙은이가 만났을 때 딱 저런 일이 벌어질 것 같다.

또 하나 문제 삼고 싶은 건, 맹자가 제시한 기준에 관한 것이다. 맹자는 자신을 자사처럼 대우해 달라고 했다. 제선왕은 목공과 같아야 하고, 손님은 설류·신상과 같아야 한다. 그런데 제선왕과 손님은 맹자를 그렇게 대해주지 않았다. 그저 자신이 허용하는 범위 안에서 맹자를 대접했고, 맹자는 이를 거절했을 뿐이다. 이걸 두고 상대방이 먼저 나를 끊었다고 말하는 건 자유지만, 그걸 옳다고 인정하기는 어렵다. 그런데 후대의 유학자들은 물론이고, 현재까지 맹자의 일방적인 주장과 무례한 행동을 옹호하거나, 심지어 본받아야 한다고 생각하는 사람들이 꽤 많다.

이와 관련해서 볼만한 글이 하나 있다. 명나라 말기에 살았던 이지(李贄, 1527~1602)의 글이다. 자(字)인 탁오(卓吾)가 알려져서 이탁오라고 부른다. 당시 중국을 석권하고 있던 성리

학을 비판한 죄로 일생을 도망 다니다가 결국엔 잡혀서 감옥
에서 자살한 사람이다.

> "세상의 유학자들은 옛날 사람들의 행적을 살필 때 한결같
> 이 일률적인 잣대로만 살펴볼 뿐이다. 마음을 비우고 정신
> 을 편안히 하여 장점 중에도 단점이 있음을 알지 못하고, 얼
> 핏 보기에 완벽한 옥에도 흠이 있다는 것을 꿰뚫어 보지 못
> 하며, 좋아하는 것에도 나쁜 점이 있고, 싫어하는 것에도 좋
> 은 점이 있음을 알지 못한다. 지금에 이르러서는 그저 울려
> 퍼지는 메아리 소리만 듣고 그것을 그대로 전하여, 이를 답
> 습하고 추종하는 견해가 이미 사람들의 뼛속까지 자리 잡
> 아 어떻게 깨뜨릴 방도가 없다."[2]

현재는 이 정도까지는 아니지만, 여전히 유학자들의 잘못된
태도와 그들이 내세우는 옛날의 예의를 고집하는 사람들이
많다. 나부터 자식이나 후배에게 '나 때는 이랬다'면서 옛날의
사고방식을 주입하려는 나쁜 버릇이 있다. 이건 전적으로 나
의 잘못이지만, 맹자처럼 자기만의 기준으로 내키는 대로 행
동하면서 뭐가 문제인지 모르고, 이를 본받아야 한다고 주장
했던 유학자들의 영향이 적지 않다. 이지의 글만 봐도 이런 악
습이 얼마나 오래되었는지, 이를 얼마나 뿌리 뽑기 어려운지
알 수 있다.

2   이지 지음, 홍승직 옮김, 《분서》, 홍익출판사, 1998.

그러나 뿌리 뽑으려는 노력은 해야 한다. 세상에는 절대적으로 옳은 기준이라는 건 없다. 시대에 따라 그 기준은 변해왔다. 이미 맹자가 살던 시절에도 맹자의 생각과는 달리 기준이 변해 있었다. 그런데도 맹자는 옛날로 돌아가려고 했다. 그건 맹자의 소신이고 소신은 존중받아야 하지만, 그 소신을 남에게 멋대로 적용하고 가르치려 드는 무례한 태도에 대해서는 비판하지 않을 수 없다. 사람과의 관계를 단절한 건 맹자이지 손님이 아니었다.

알아두면 좋은 인물들

목공(穆公, ?~BC 376): 전국시대 노나라 임금. 이름은 현(顯), 혹은 불연(不衍)이라고도 한다. 도공(悼公)의 손자이다. 공의휴(公儀休)를 재상으로 삼아 노나라 백성의 생활을 안정시켰다. 재위 기간은 33년이다.[3]

자사(子思, BC483~BC402): 공자(孔子)의 손자이다. 이름은 급(伋). 공자의 제자인 증자(曾子)에게서 수업했다고 전한다. 《자사(子思)》라는 책이 있었는데 실전되었다고 한다.[4]

설류(泄柳, 생몰년 미상): 전국시대 노나라 사람이며 현명하다는

---

3   張撝之·沈起煒·劉德重 主篇,《中國歷代人名大辭典》, 上海古籍出版社.
4   張撝之·沈起煒·劉德重 主篇,《中國歷代人名大辭典》, 上海古籍出版社.

평판이 있었다. 처음 목공이 그를 찾아왔을 때 벼슬에 뜻이
없어 문을 닫고 왕의 사자를 집으로 들이지 않았다고 한다.[5]

신상(申詳, 생몰년 미상): 이름이 어떤 곳에서는 상(祥)으로 되
어 있다. 전국시대 진(陳)나라 사람이다. 일설에는 공자의 제
자인 자장(子張)의 아들이라고도 한다. 설류와 함께 목공을
도왔다.[6]

이지(李贄, 1527~1602): 자(字)는 탁오(卓吾)이다. 복건성(福建
省) 천주부(泉州府) 진강현(晋江縣)에서 태어났다. 그가 태어
난 해는 왕양명(王陽明)이 죽기 일 년 전에 해당하며, 죽은 해
는 명나라 멸망 42년 전이었다. 그는 양명학을 공부했고, 양
명 좌파에 속하는 인물로 알려져 있다. 그의 사상은 매우 파
격적이라 평가된다. 공자를 부정했고, 성리학을 비판했다.
오로지 자신의 주관에 따라 유학의 경전을 해석했기 때문
에 살아 있는 동안 많은 박해를 받았다. 결국은 도망가다가
잡혀서 옥중에서 자살했다. 저작으로 《분서(焚書)》와 《장서
(藏書)》라는 책이 있는데 각각 '태워버려야 할 책', '숨겨야 할
책' 등으로 풀이된다. 책의 제목부터 범상치 않다. 자신의 사
상은 유학에 반대되는 입장에 있기에 자신의 책은 태워져야
하고 숨겨져야 한다는 것이다. 성품이 고집 세고 지조가 강
했다고 한다.

5 　張撝之·沈起煒·劉德重 主篇,《中國歷代人名大辭典》, 上海古籍出版社.
6 　張撝之·沈起煒·劉德重 主篇,《中國歷代人名大辭典》, 上海古籍出版社.

11

충고는 남에게 맡기고 나는 빠진다
이기적인 간섭과 회피

나는 들었다. '관직에 있는 사람은 그 직무를 수행할 수 없게 되면 떠나고, 충고할 책임이 있는 자는 자신이 말할 수 없게 되면 떠난다'고. 하지만 나는 관직도 없고, 충고할 책임도 없는데 그렇다면 내 진퇴에 너그러운 듯 여유가 있는 것이 당연한 일 아닌가?

吾聞之也, 有官守者, 不得其職則去, 有言責者, 不得其言則去. 我無官守, 我無言責也, 則吾進退, 豈不綽綽然有餘裕哉.

〈공손추〉 하편 제5장

아무관수, 아무언책야

我無官守, 我無言責也

"나는 관직도 없고, 충고할 책임도 없다."

맹자가 제나라에 손님의 자격으로 있을 때였다. 제나라에는 지와(蚔蠅)라는 사람이 있었는데 형벌을 관장하는 사사(士師)라는 벼슬을 하고 있었다. 사사는 전문적으로 왕에게 간언(諫言)을 하는 간관(諫官)이라는 벼슬이 생기기 전, 간관의 역할을 했던 것으로 보인다. 어느 날 맹자는 지와에게 한마디 했다.

"당신이 영구(靈丘) 고을의 사또직을 사양하고 사사가 되기를 자청한 것은 그럴듯해 보입니다. 사사는 말할 수 있기 때문이지요. 그런데 벼슬자리에 오른 지 몇 개월이 지났는데도 여전히 말을 안 하고 있네요?"

"사사는 말할 수 있다"라는 것은 왕이 만약 형벌을 불공정하게 처리할 경우 왕에게 사사가 그 잘못을 지적할 수 있다는 뜻이다. 맹자가 갑자기 왜 지와에게 저런 말을 꺼냈는지 알 수 없지만, 맹자가 생각하기에 몇 개월 동안 사건이 없었을 수 없고, 왕 역시 단 한 건의 실수가 없었다고 보기도 어렵다고 여겠던 것 같다. 그렇게 본다면 지와는 사실상 일을 하지 않고 있었다는 말이 된다.

지와는 이 말에 자극받았는지 실제로 어떤 일을 가지고 왕에게 충고했다. 그러나 제선왕은 받아들이지 않았고, 지와는 그 길로 사표를 내고 떠나버렸다. 지와의 행동을 보면 이 사람은 훗날의 간관들처럼 성품이 강직했었는가 보다. 어쨌든 지와는 맹자의 말 한마디로 말미암아 벼슬을 내놓고 떠난 셈이 됐다. 이 일을 두고 제나라 사람들은 맹자를 비난했다.

> "맹자가 지와를 위해서 한 행동은 좋다. 하지만 맹자의 행동
> 자체에 대해서는 이해할 수 없다."

왕에게 말해야 할 사람이 말을 안 하고 있으니 그에 대해 지적한 것은 잘한 일이지만, 맹자의 행동은 잘못되었다는 말이다. 이때 맹자는 손님 자격으로 제나라에 머물면서 제선왕과 몇 차례 만나서 대화를 나누기는 했지만 제선왕은 맹자의 주장에 현실성이 없다고 판단하고 맹자에게 벼슬을 주지 않았다. 여기까지 알고 제나라 사람의 비난을 풀이해 보면 이렇다.

> "맹자 당신도 지와처럼 말했지만 왕이 받아들이지 않았잖
> 아요. 그러면 당신도 지와처럼 이곳을 떠나야지요."

제나라 사람들의 비난에는 분명 일리가 있다. 지와는 왕이 자기 말을 듣지 않으니까 떠났는데, 맹자는 왕이 자기 말을 들어

주지 않는데도 여전히 떠나지 않고 있었기 때문이다. 이런 분위기를 제자인 공도자(公都子)가 맹자에게 그대로 전해주었다. 맹자가 말했다.

> "나는 들었다. '관직에 있는 사람은 그 직무를 수행할 수 없게 되면 떠나고, 충고할 책임이 있는 자는 자신이 말할 수 없게 되면 떠난다'고. 하지만 나는 관직도 없고, 충고할 책임도 없는데 그렇다면 내 진퇴에 너그러운 듯 여유가 있는 것이 당연한 일 아닌가?"

지와는 관직이 있고, 자신은 그렇지 않으니 아무 문제가 없다는 말이다. 맹자는 더 나아가 자기 행동에 여유가 없을 까닭이 없다고까지 하면서 매우 당당한 태도를 보인다. 이 대목에 대한 주희의 주석은 이렇다.

> "맹자는 빈사(賓師, 손님이면서 스승과 같은 사람)의 지위에 있었기에 봉급을 받지 않았다. 그러므로 진퇴의 즈음에 너그럽고 여유 있음이 이와 같았다."
> 윤씨(尹氏)는 말한다.
> "나아가고 물러감과 오래 머물고 빨리 떠나는 것을 이치에 맞게 할 뿐이다."

주희는 맹자의 처신을 문제 삼지 않은 것은 물론, 말미에 윤씨의 말을 인용하면서 맹자의 행동이 이치에 맞는 것이었다며 적극 옹호했다.

✷ ❅ ✷

말하지 않아도 세상은 잘 돌아간다

글에 나온 대로 맹자는 제나라에서 벼슬을 하고 있지 않았으므로 오고 가는 걸 자유롭게 해도 문제가 없다. 그러나 그렇다고 해서 현직 벼슬아치에게 충고할 자격이 생기는 건 아니다. 맹자는 지와의 상관이 아니다. 게다가 제나라 사람도 아니다. 남의 나라 일에 낄 이유도 그럴 권리도 없다. 자신에게 묻지도 않았는데 멋대로 나서서 충고했다. 무례하기 짝이 없다.

게다가 맹자는 제선왕의 훌륭한 신하가 될 수도 있는 사람을 쫓아냈다. 지와는 직언을 할 수 있는 사람이었고, 자기 말이 받아들여지지 않자 벼슬을 버리고 떠날 만큼 소신도 있었다. 자기 말이 먹히지 않아도 눈치 없이 물러나지도 않고, 남의 일에 함부로 간섭하고도 뭐가 문제인지 모르고 오히려 당당해하는 맹자보다 제선왕에게 훨씬 도움이 되는 사람이었다. 지와가 제선왕 밑에서 계속 벼슬을 했더라면 어땠을까?

맹자더러 구차하게 남아 있지 말고 떠나라고 한 제나라 사람들의 말 역시 전혀 이상할 게 없다. 제선왕은 맹자의 유학을 정치에 적용할 생각이 없었다. 그렇다면 자신이 현직이건 아니건 상대가 받아주지 않는다는 걸 확인했으면 제나라에 남아 있을 이유가 없다. 남아 있더라도 손님의 위치에서 남의 집 일에 함부로 간섭해선 안 된다. 지금 같으면 남의 집 경조사에 가서 감 놓아라 배 놓아라 하면서 시시콜콜 간섭하는 것인데, 쫓겨나지 않는 걸 다행으로 알아야 할 일인 것이다.

이 대목에 대한 주희의 주석은 더 가관이다. 맹자의 행동이 옳은 것은 물론이고 그렇게 하는 것이 이치에 맞는다고까지 한다. 남의 집에 가면 주인이 주는 대로 고맙게 얻어먹고, 고맙게 잠자는 게 이치에 맞는 행동이다. 조금 불편하더라도 주인의 성의를 생각하며 웃는 낯으로 말하며, 정 불편하면 조용히 떠나는 게 여유 있고 너그러운 행동이다. 이건 옛날이나 지금이나 기본적으로 지녀야 할 예절이다.

맹자처럼 방귀를 뀌고 도리어 큰소리치면 돌아오는 건 욕밖에 없다. 맹자의 행동은 잘못되었고, 저런 행동을 본받아서는 안 된다. 충고가 옳으냐 그르냐를 떠나 충고하는 행위 자체가 잘못되었으며, 무례하고 무책임하기 때문이다.

지금도 맹자처럼 아무에게나 충고하고, 자신과 상관없는 일에 함부로 끼어들고 그런 행동을 문제 삼으면 화를 내는 사람들이 많다. 이들은 자신의 가치관만 옳다고, 자신의 경험만을 갖고 남에게 이래라저래라 참견한다. 책임지지 못할 일이면 가만히 있는 게 도와주는 것이다. 굳이 거들지 않아도 세상은 잘 돌아간다.

간관에 대하여

'諫(간)'은 윗사람에게 충고한다는 뜻이고 '官(관)'은 벼슬이다. 이 일화에서는 지와가 사사로서 왕에게 간한 것으로 되어 있는데 사사는 간관(諫官)이 아니었다. 간관은 전국을 통일한 진나라와 이후의 한나라 시대에 생겼다. 이후 당과 송을 지나면서 제도적으로 정비되었다. 간관의 명칭은 진한 시대에는 산기(散騎), 간의대부(諫議大夫)였고, 당송 시대에는 직무에 따라 산기상시(散騎常侍), 간의대부(諫議大夫), 보궐(補闕), 습유(拾遺), 정언(正言) 등으로 불렀다. 이들은 왕의 언행이나 정치적인 업무 활동이 백성의 삶과 관계없는 방향으로 갈 경우 이를 바로잡기 위해 노력했다. 왕이 의견을 적극 수용해 주면 다행인데 그렇지 않을 때는 자신들의 직책을 걸거나, 심지어는 목숨까지 내놓고 왕과 대립하기도 했다.

한국은 신라 무열왕 시절에 간관 역할을 하는 부서가 생겼지만, 그 기능을 제대로 하지는 못하였고 제도적으로 정비되지도 못했다. 고려시대에 이르러서야 제 역할을 시작해서 조선까지 이어지게 되었다. 다만, 조선의 경우는 간관의 역할이 왕을 견제하기보다는 신하들을 견제하는 쪽으로 약간은 위축된 감도 없지 않았다. 사극을 통해 종종 듣게 되는 사간원(司諫院)이니 대사간(大司諫)이니 하는 말은 조선의 부서와 간관의 명칭이다.

12

관 만드는 자에게 죄를 묻다
직업 차별의 논리

화살 만드는 사람이라고 해서 갑옷 만드는 사람보다 어질지 말란 법
은 없다. 그렇지만, 화살 만드는 사람은 혹시나 사람을 다치게 하지
못할까 봐 걱정하고, 갑옷 만드는 사람은 사람이 다칠까 봐 걱정한
다. 병을 고치는 무당과 관을 만드는 사람도 이런 경우와 같다. 그러
므로 직업은 신중하게 선택해야 한다.

矢人, 豈不仁於函人哉. 矢人, 惟恐不傷人, 函人, 惟恐傷人. 巫匠, 亦然. 故
術不可不愼也.

〈공손추〉 상편 제7장

술불가불신야

術不可不愼也

"직업은 신중하게 선택해야 한다."

"직업에 귀천이 없다." 이 말을 꺼내는 순간 사람들은 다음에 이어지는 말에 귀를 기울이지 않는다. 뒤에 무슨 말이 나올지 듣지 않아도 알 만큼 맞는 말이라서 그렇다. 동시에 맞는 말이긴 한데 현실은 그렇지 못하고, 앞으로 더 나아질 거라는 희망을 지니지 않고 있기 때문인 것 같기도 하다. 여전히 저런 말을 해야 할 만큼 '직업에 귀천이 있다'고 여기는 사람이 많다는 말이다.

이런 생각이 굳어지는데 꽤 많은 영향을 준 글이 있다. 맹자가 말했다.

"화살 만드는 사람이라고 해서 갑옷 만드는 사람보다 어질지 말란 법은 없다. 그렇지만, 화살 만드는 사람은 혹시나 사람을 다치게 하지 못할까 봐 걱정하고, 갑옷 만드는 사람은 사람이 다칠까 봐 걱정한다. 병을 고치는 무당과 관을 만드는 사람도 이런 경우와 같다. 그러므로 직업은 신중하게 선택해야 한다."

직업 선택에 따라 사람의 마음이 악해질 수도 있고, 선해질 수도 있다는 주장이다. 이 대목을 두고 주희는 이렇게 주석을 달았다.

> "사람을 불쌍히 여기는 마음은 누구나 가지고 있다. 화살 만드는 사람의 마음이 본래 갑옷 만드는 사람의 어진 성품보다 못하지 않다. 무당은 사람들을 위해서 기원하므로 사람이 사는 것을 이롭게 여기고, 목수는 관을 만들기 때문에 사람이 죽는 것을 이롭게 여긴다."

주희는 똑같은 사람이라도 화살을 만들게 되면 어떻게든 화살의 관통력을 높여서 사람을 잘 죽이는 데 목표를 두니까 자연히 사람 마음이 잔인해지고, 반대로 갑옷 만드는 사람은 사람을 보호하려 드니까 성품이 인자해진다고 주장했다. 무당과 관 만드는 사람도 이와 같다고 생각했다. 정리하면 맹자와 주희는 갑옷 장인과 무당을 귀한 직업으로, 화살 장인과 관을 짜는 일을 천한 직업으로 구분하고 있음을 알 수 있다.

이처럼 맹자는 좋은 직업을 선택해야 어진 사람이 될 수 있다고 전제한 뒤에 계속해서 주장을 이어나갔다.

> 공자는 "마을에 어진 풍속이 있는 것이 아름다우니 살 곳을 선택할 때 인(仁)에 처하지 않는다면 어떻게 지혜롭다 할 수 있겠는가"라고 했는데, 인은 하늘이 내려준 높은 벼슬이고, 사람이 편안히 살 수 있는 집과 같다는 말이다. 그런데 인을

행하지 못하게 막는 사람이 없음에도 어질지 못하니 이건 지혜롭지 못한 것이다. 어질지 못하고 지혜롭지 못해서 예 의도 없고 의(義)도 없게 되면 남에게 부림을 당하게 되니, 부림을 당하면서 그걸 부끄러워하는 것은 활 만드는 사람 과 화살 만드는 사람이 자신의 직업을 부끄러워하는 것과 같다.

화살 만드는 사람은 내심 자신의 직업을 부끄러워하고 있다는 말이다. 어찌 되었든 자신이 만든 화살에 사람이 죽게 되므로 양심의 가책을 느끼리라는 것이다. 부끄러운 마음이 있다는 것은 그 사람에게 인이 있다는 증거인데 그럼에도 불구하고 불인(不仁)한 일을 계속하는 건 지혜롭지 못한 것이고, 그 결과로 남에게 부림을 당하는 건 당연한 일이라 주장했다.

맹자의 말을 종합해 보면 이렇다. 불인한 사람은 남에게 부림을 받아 마땅하니, 불만을 가지지 말고 받아들여야 하며, 부림을 받는 게 싫으면 인을 행하면 된다. 인을 행하려면 불인한 직업을 지니지 않으면 된다. 그러니까 애초에 직업 선택을 신중하게 하라는 말이다.

✷ ✵ ✷

직업에는 선악이 없다

맹자의 뒤를 이은 후대의 유학자들은 맹자의 직업관을 그대로 이어받았다. 특히 이들은 상업을 천시했다. 이익을 추구하는 일은 인의 정반대 편에 있다고 여겼기 때문이다. 장사를 하는 사람들은 이익을 얻기 위해 술수를 쓰거나 사람을 속이기 때문에 마음이 어질 수가 없다고 생각했다. 그래서 이들은 사회의 신분 질서를 규정할 때, '사농공상(士農工商)'이라고 하면서 상업 종사자들을 맨 아래에 위치시키고 그들을 멸시했다.

지금 같으면 비웃음을 사고도 남을 사고방식인데, 한국의 경우 조선 후기가 되어서야 조금씩 균열이 가기 시작했다. '실학자'라 불리는 유학자들이 이런 전통적인 관념을 비판했는데, 이들 중 중상주의(重商主義, 상업을 중시하는 관념)적인 생각을 지니고 있었던 박지원(朴趾源, 1737~1805)은 〈허생전〉, 〈양반전〉, 〈호질〉, 〈예덕선생전〉 등과 같은 소설을 통해 유학자들의 위선을 비판했다.

이 중 유학자의 직업 차별에 대해서는 〈예덕선생전〉에서 다뤘다. '예덕'에서 예(穢)는 '더럽다', 덕은 '좋은 것'이라는 뜻이다. '선생'은 일반인 남성에 대한 존칭이다. '더러운 것을 좋은 것으로 여기는 분' 정도로 풀이할 수 있다. 〈예덕선생전〉의 일부를 읽어보자.

선귤자(蟬橘子, 이덕무의 호)에게는 예덕선생이라 불리는 친구가 있었다. 그는 종본탑(宗本塔) 동쪽에 살았으며, 마을의 똥을 치우는 일을 하며 살았는데, 사람들은 엄행수(嚴行首)라 불렀다. '행수'란 일꾼 중에 나이가 많은 사람에 대한 칭호다. '엄'은 성이다. 제자 자목(子牧)이 선귤자에게 말했다.

"이름난 사대부들이 선생님과 사귀려고 했지만, 선생님께
서는 아무도 받아들이지 않으셨습니다. 그런데 엄행수는
마을의 천한 잡일꾼으로 미천한 곳에 살며 남들이 부끄러
워하는 일을 하는 사람인데, 선생님께서는 자주 그의 덕을
칭찬하며 선생이라 부르고, 그 사람과 친분을 맺고 사귀기
를 청할 것처럼 말씀하시니 제자로서 정말 부끄럽습니다.
저는 선생님의 문하에서 떠나고자 합니다."

자목은 유학자의 관념을 대변하는 사람이다. 양반은 천민과
수평적으로 만나면 안 된다고 여겼고, 더구나 똥을 치우는 일
은 잡일이라 여겼다. 선귤자는 이렇게 대답했다.

"노력하지 않고 재물을 모으면 풍족해진다 하더라도 그 이
름에 악취가 나게 될 거야. 엄행수는 더러운 똥을 지고 다니
며 먹고사니까 되게 불결하다고 할 수 있겠지. 그러나 먹을
걸 얻는 방법은 매우 향기롭고, 그 사람이 사는 곳은 매우
지저분하지만, 의를 지키는 측면으로 보면 지극히 높다고
할 수 있네."

가끔 정치인들이 표를 얻기 위해 궂은일을 하는 분들의 노고
를 칭찬하거나, 그런 일을 체험하는 걸 보면 분명히 예전에 비
해 직업을 가지고 사람을 차별하는 의식은 엷어지고 있는 것
같다. 하지만 여전히 자목의 시각을 지닌 사람들이 많다. 박지
원은 선귤자를 통해 당시의 유학자들이 신분과 직업으로 귀

천을 가르며, 유학자들은 궂은일은 고사하고 일 자체를 하지
않으면서 부를 축적하거나 명성을 얻는 세태를 비판했다.

그러나 여전히 유학자들의 낡은 관념은 현재 한국인의 의
식에서 사라지지 않고 있으며, 심지어 옹호하기도 한다. 예를
들면 이런 것이다. "맹자의 말이 지금의 시각과는 맞지 않는
측면이 있더라도 '어진 사람이 되는 방법'을 말했으므로 선한
의도는 받아들여야 하지 않을까?"

아니다. 하나부터 열까지 모두 다 틀렸다. 맹자의 말이 모
두 옳다면 화살 만드는 사람과 관을 만드는 사람은 세상에 있
어서는 안 된다. 한발 양보해서 화살 만드는 사람은 어진 마음
을 잃어버릴 수 있다고 하더라도 관 만드는 사람까지 같은 취
급을 해선 안 된다. 장례 관련 직업 종사자를 두고 '사람이 죽
으면 이익을 얻는 사람', '사람이 죽기를 바라는 사람'이라며
천대하는 것인데, 사람의 입에서 저런 말이 나와서는 안 된다.
인(仁)을 추구하는 사람이 가장 불인(不仁)한 짓을 한 셈이다.
그런 태도는 정작 맹자 자신이 추구하는 인과 거리가 멀다.

이런 관념에 젖어 있기 때문에 내 집 주변에 화장장과 같
은 '혐오 시설'이 들어서면 안 되고, 장애인 학교를 세워서도
안 된다고 생각하는 것이다. 내가 사는 아파트의 경비원을 하
대하고, 어린 자녀가 보는 앞에서 미화원에게 손가락질하면
서 "너는 저렇게 살면 안 된다. 공부 못하면 저렇게 된다"고
내뱉으며 부끄러운 줄도 모르는 것이다.

이른바 '혐오'는 대단한 게 아니다. 하나의 가치를 최고의
기준으로 삼고, 기준에 맞지 않은 것을 배척해 버리는 모든

행동이 혐오다. 맹자나 주희가 인을 내세우면서 특정 직업 종사자를 두고 '사람이 죽기를 바란다', '사람이 죽는 걸 이롭게 여긴다'고 내뱉은 말도 혐오의 일부다. 나는 현재 한국인이 지닌 '혐오' 안에 유학자들의 '불인'한 관념이 매우 큰 비중을 차지하고 있으며, '인'의 껍데기를 쓴 유학의 그릇된 직업관이 사회 분위기를 상당히 해친다고 보고 있다.

맹자, 맹자를 이어받은 주희를 비롯한 유학자들의 불합리한 사고방식은 현대 한국인의 삶에도 직접적으로 큰 영향을 주고 있다. 귀천을 나누는 것도 바람직하지 않지만, 더 큰 문제는 직업이 사람을 악하게 만들 수 있다는 생각까지 가지게 된 데에 있다. 실제로 그렇지 않다는 걸 눈으로 보고 있으면서도 믿지 않는다. 의사도 학자도 악한 사람들이 있고, 종교인 중에서도 악한 자들은 지천으로 널려 있다. 무슨 근거로 직업이 사람의 선악에 영향을 준다고 믿는지 알 수 없다. 직업에는 선악도 없다.

유학자를 비판했던 조선시대의 학자

조선시대의 유학자들은 모두 양반 계층에 속해 있었다. 알다시피 양반들은 일하지 않고 통치 계급이라는 이유로 놀고 먹었으며, 상업을 천시했다. 나라가 부강할 때는 그나마 괜찮았지만, 그렇지 않을 때도 계속 이런 식이면 곤란하다. 조

선은 임진왜란과 병자호란을 겪으면서 국력이 매우 약해졌
는데 이런 상황에서도 유학자들은 여전히 예전처럼 고고하
게 책만 읽었다. 이런 경향은 조선 후기로 접어들면서 나타
난 실학자들에 의해 비판받았다. 그중 박제가(朴齊家, 1750~
1805)는 이렇게 말했다.

"지금 우리나라에서는 사람을 등용하는 데에 오로지 문
벌만을 따진다. 공경(公卿)의 자식은 공경이 되고, 서민의
자식은 서민이 되는 데서 한 걸음도 벗어나지 못하니, 그
유래가 이미 오래되었다. 위에 있는 사람들은 고귀하면
서도 부자여서 몸소 농사를 짓지 않는데, 심한 자는 종종
콩과 보리도 분간하지 못한다. 서민들은 모두 눈을 뜨고
도 글을 알지 못하고 가르침도 받지 못하여 어리석고 무
식해서 오로지 근력으로 일만 할 뿐이다."

13

딸은 시집가야 한다는 낡은 믿음
여성 차별의 구조

아들이 태어나면 아내가 있기를 바라며, 여자가 태어나면 남편이 있기를 바라는 것은 부모의 마음이며 사람마다 모두 가지고 있습니다. 그러나 부모의 명령과 중매쟁이의 말을 기다리지 않고, 구멍을 뚫고 서로 엿보며 담을 넘어 서로 따라다니면 부모와 나라의 사람들이 모두 천하게 여기는 법입니다. 이처럼 옛사람은 벼슬을 하고 싶지 않아 한 적은 없지만, 동시에 올바른 길을 거치지 않는 걸 싫어했습니다. 올바른 길을 거치지 않고 가는 건 구멍을 뚫고 서로 엿보는 일과 같은 걸로 봤기 때문입니다.

丈夫, 生而願爲之有室, 女子, 生而願爲之有家, 父母之心, 人皆有之, 不待父母之命, 媒妁之言, 鑽穴隙相窺, 踰牆相從, 則父母國人, 皆賤之, 古之人, 未嘗不欲仕也, 又惡不由其道, 不由其道而往者, 與鑽穴隙之類也.

〈등문공〉 하편 제3장

옛날의 선비들은 반드시 벼슬을 해서 업적을 남겨야 한다고 생각했다. 이런 생각은 어디에서 비롯되었을까. 《맹자》를 보면 짐작할 수 있다. 위나라 사람 주소(周霄)와 맹자의 대화를 읽어 보겠다. 주소가 물었다.

"옛날의 군자는 벼슬을 했나요?"

맹자가 대답했다.

"벼슬을 했습니다. 옛 책에 '공자는 석 달 동안 섬길 왕이 없으면 안절부절못하면서 국경을 벗어날 때 반드시 다른 나라 왕에게 바칠 예물을 싣고 갔다'고 했고, 공명의(公明儀)는 "옛사람은 석 달 동안 섬기는 왕이 없으면 그 사람에게 위문을 했다'고 말했습니다."

'예물을 싣고 갔다'는 건 다른 나라 왕에게 자신을 소개하면서 바칠 선물을 준비했다는 뜻이다. 맹자 원문에는 예물을 '폐백'이라고 했는데, 사치스러운 선물이 아니라 형식적으로 주는 작은 선물이다. 공명의는 노나라의 현명한 사람인데 이 사람 역시 선비는 석 달 이상 벼슬을 못 하면 안 된다고 했다. 맹자는 공자와 공명의의 말을 빌려 선비는 반드시 벼슬을 해야 한다고 말했다. 주소가 말했다.

"석 달 동안 섬길 왕이 없다고 위문하는 건 너무 급한 거 아닐까요?"

주소는 뭘 이렇게까지 급하게 벼슬을 얻어야 하고, 벼슬을 못한 사람한테 위문씩이나 할 필요가 있겠냐고 생각했다. 맹자가 대답했다.

"선비가 벼슬자리를 잃는다는 건, 제후가 나라를 잃는 일에 맞먹는 겁니다. 이와 관련해서 《예기》에 이런 말이 있습니다. '제후가 밭을 갈아서 제사에 쓸 곡식을 마련하고, 제후의 아내는 누에를 길러 실을 뽑아 옷을 만드는데, 제사에 쓸 희생이 크지 않으며 곡식이 불결하며 옷이 갖추어지지 않으면 제사를 지낼 수 없다.' 제후뿐만 아니라 선비에게 밭이 없어도 제사를 지내지 못하니 희생·제사 용품·옷이 갖추어지지 않아서 제사를 지내지 못하면, 잔치도 열 수 없으니 충분히 위문할 만하지 않을까요?"

제사와 잔치는 선비가 반드시 해야 하는 일인데 벼슬을 못 하면 둘 다 할 수 없다는 말이다. 그러니까 선비는 늘 벼슬을 해야 한다는 뜻이다. 주소가 계속 대화를 이어갔다.

"공자는 무엇 때문에 국경을 벗어날 때 반드시 예물을 싣고 간 건가요?"

맹자가 대답했다.

"선비가 벼슬을 하는 건 농부가 밭을 가는 것과 같습니다. 농부가 어떻게 국경을 벗어난다고 해서 농기구를 버리고 갈 수 있겠습니까?"

주소가 말했다.

"우리 진나라도 벼슬을 할 만한 나라인데 벼슬하는 게 이처럼 급하다는 소리는 못 들었습니다. 벼슬하는 일이 이처럼 급한데도 군자가 벼슬하기를 어렵게 여기는 건 왜일까요?"

'벼슬하기를 어렵게 여긴다'는 건 벼슬자리가 생겨도 쉽게 나가지 않는다는 뜻이다. 그러게 말이다. 석 달만 놀고 있어도 위문을 받는 판인데 자리가 나면 즉시 나가야 되는 것 아닌가? 맹자가 대답했다.

"아들이 태어나면 아내가 있기를 바라며, 여자가 태어나면 남편이 있기를 바라는 것은 부모의 마음이며 사람마다 모두 가지고 있습니다. 그러나 부모의 명령과 중매쟁이의 말을 기다리지 않고, 구멍을 뚫고 서로 엿보며 담을 넘어 서로 따라다니면 부모와 나라의 사람들이 모두 천하게 여기는 법입니다. 이처럼 옛사람은 벼슬을 하고 싶지 않아 한 적은 없지만, 동시에 올바른 길을 거치지 않고 가는 건 구멍을 뚫고 서로 엿보는 일과 같은 걸로 봤기 때문입니다."

정당한 절차를 거쳐서 벼슬을 얻어야 하므로 쉽게 나가지 않는다는 말이다. 맹자는 벼슬자리에 나가는 일을 결혼에 빗대어 설명했다.

✸ ✩ ✸

결혼은 자녀의 일이다

알다시피 맹자의 사상은 후대의 유학자들에게 많은 영향을 주었다. 이들은 벼슬에 대한 생각은 물론이고, 말미에 나오는 결혼에 대한 관념도 그대로 이어받았다. 특히 결혼에 관한 생각은 현재까지도 영향을 주고 있다. 시대가 변하면서 요즘에는 중매보다 연애를 거쳐 결혼을 하는 일이 많아졌지만, 여전히 부모가 자녀의 결혼에 개입해야 한다고 생각하는 사람이 많다. 결혼을 앞둔 자녀와 부모가 충돌하는 일도 꽤 많다. 유학적인 사고방식이 깨지고 있는 것이다.

결혼 당사자는 자식이지 부모가 아니다. 일정 부분 부모가 개입하지 않을 수는 없겠지만, 결혼 상대를 만나는 일부터 결혼 여부를 판단하는 데까지 개입해선 안 된다. 자녀보다 삶의 경험이 많다고 해서 생각까지 옳다고 할 수 없고, 며느리나 사위는 내 자녀와 살지 나와 살지 않기 때문이다. 자녀를 낳았다는 이유만으로 자녀의 인생까지 좌지우지하려고 해선 안 된다.

"아들이 태어나면 아내가 있기를 바라며, 딸이 태어나면 남편이 있기를 바라는 것은 부모의 마음이며 사람마다 모두 가지고 있다"는 말도 이제는 버릴 때가 됐다. 이런 사고방식 때문에 남녀 모두 결혼 문제 때문에 시달렸는데, 특히 딸이 많은 고초를 겪었다. 이 말에 대해 여러 가지 반론이 나올 줄 아는데, 이 말 한마디면 다 설명이 되지 않을까 한다. "이번에 딸자식 치웠어." 불과 얼마 전까지 딸을 결혼시킨 부모가 했던 말이다. 딸은 집에 있으면 안 되는 존재로 취급했다. 그러니까 저런 수준 이하의 말을 너무나도 당당하게 내뱉을 수 있었던 것이다. '딸이 태어나면 남편이 있기를 바란다'는 말이 물건을 취급할 때나 하는 말인 '치운다'로 바뀐 것이다. 지금도 저러는 사람들이 꽤 많다.

여전히 명절에 자녀나 조카에게 결혼하라고 잔소리하고, 자녀를 낳지 않은 부부에게 출산을 종용하는 낡은 사람들이 어른 행세를 하고 있다. 심지어 출산율까지 거론하며 나라 걱정을 한다. 아들을 낳아야 한다고 우기면서 딸이 생기면 태아

를 죽여서 성비를 흔들고, 결혼은 고사하고 한 사람이 먹고살
기도 어려운 사회를 만들어놓은 주역들이 청년 세대에게 결
혼을 강요하고 있다. 청년에게는 아무런 잘못도 책임도 없다.
출산율을 떨어뜨린 건 어른들이다.

결혼을 하는 것, 결혼을 하지 않는 것 모두 자녀의 소관이
다. 어른들은 이 문제에 대해 간섭할 자격이 없다. 이것이야
말로 '부모의 마음'이고 '사람마다 모두 가지는 마음'이 되기
를 바란다.

3부 앎은 어떻게 폭력이 되는가

3부 앎은 어떻게 폭력이 되는가

14

물은 아래로 흐르는데
사람은 왜 악한가
성선설의 허점

물에는 동과 서의 구분이 없습니다. 그렇지만 위아래의 구분까지 없다고 할 수 있겠습니까? 사람의 본성이 선한 것은 물이 아래로 내려가는 것과 같기 때문에 사람은 불선한 사람이 없으며, 물은 아래로 내려가지 않는 것이 없다고 봅니다.

水, 信無分於東西, 無分於上下乎. 人性之善也, 猶水之就下也, 人無有不善, 水無有不下.

〈고자〉 상편 제2장

인무유불선, 수무유불하

人無有不善, 水無有不下

"사람은 불선한 사람이 없으며,
물은 아래로 흐르지 않는 것이 없습니다."

《맹자》를 말하면서 '성선설'을 빼놓을 수 없다. 사람의 본성은 선하다는 것으로 맹자를 대표하는 사상이라 할 수 있는데, 특이하게도 《맹자》에는 '성선(性善)'이 〈등문공(滕文公)〉 상편에 딱 한 번 나온다.

> "등문공이 세자이던 시절 초나라로 가던 중 송나라를 지나면서 맹자를 만났는데, 맹자는 등문공에게 성선(性善)을 말하면서 반드시 요순을 거론했다."

이러고 나서 '성선'이 무언지 설명을 하지 않았다. 맹자 스스로 이론을 정립하지는 않았다는 뜻인데, 현재 알고 있는 성선설은 후대의 유학자들이 맹자가 사람의 본성에 대해 말한 부분을 정리하고 연구해서 체계화한 것이다.

맹자의 성선설을 구성하는 내용은 〈고자(告子)〉 편에 실려 있다. 고자(告子)는 제나라 출신이고 불해(不害)이며, 사람의 본성에는 선도 없고, 불선(不善)도 없다는 '성무기설(性無記說)'을 주장한 사람으로 알려져 있다. 고자는 맹자처럼 책을 남기지 않았기 때문에 이 사람의 주장은 《맹자》를 통해서만 알 수 있다. 둘의 논쟁을 읽어 보겠다.

고자가 말했다.

> "사람의 본성은 여울물과 같아서 동쪽으로 터놓으면 동쪽으로, 서쪽으로 터놓으면 서쪽으로 흐릅니다. 이처럼 사람의 본성에 선과 불선의 구분이 없는 것은 물에 동·서의 구분이 없는 것과 같습니다."

사람의 본성은 선한 방향으로 유도하면 선해지고, 악한 방향으로 유도하면 악해진다는 말이다. 그러므로 본성에는 선과 불선의 구분이 없다. 맹자처럼 꼭 집어서 '선하다'고 할 단정할 수 없다는 말이다. 물에는 애초에 동서의 구분이 없다. 터놓는 방향으로 갈 뿐이다. 그러니까 사람들이 선·악이라고 하는 건 처음부터 정해져 있지 않은, 인위적인 조작을 거친 결과라는 말이다. 어떤 조작을 하느냐에 따라 선해지기도 하고 악해지기도 하는 것이다. 맹자는 즉시 반박했다.

> "당신 말대로 물에는 동·서의 구분이 없습니다. 그렇지만 위아래의 구분까지 없다고 할 수 있겠습니까? 사람의 본성이 선한 것은 물이 아래로 내려가는 것과 같기 때문에 사람은 불선한 사람이 없으며, 물은 아래로 내려가지 않는 것이 없

다고 봅니다."

고자의 말처럼 처음부터 흐르는 방향이 정해져 있는 물은 없다. 그렇지만 물은 낮은 곳으로 흘러가는 성질이 있다. 이처럼 사람의 본성은 선하다. 맹자는 계속해서 주장을 이어나갔다.

"지금 물을 손바닥으로 쳐서 튀어 오르게 하면 이마를 넘어가게 할 수 있으며, 둑을 쌓아서 흐르게 하면 산에 있게 할 수도 있겠지만, 이것을 어떻게 물의 본성이라고 하겠습니까? 그 힘이 그렇게 되도록 만든 것이니, 이처럼 사람이 불선해지는 것도 물이 힘에 좌우되는 것과 같은 성격이라고 봅니다."

물은 동쪽이나 서쪽으로 가게 할 수 있고, 사람의 이마를 넘어가거나 산 위로 흐르게 할 수도 있다. 그렇지만 이것은 아래로 향하는 물의 본성과는 관계가 없다는 것이다. 인위적인 조작으로 그렇게 된 것이다. 마찬가지로 사람의 본성은 선한 성질을 갖고 있는데 힘이 가해져 불선해질 뿐이라는 말이다. 이 대화는 이렇게 맹자의 주장으로 마무리됐다.

이후 고자의 설을 계승하는 사람은 거의 없었다고 할 수 있고, 맹자의 설은 오랜 기간 다듬어지면서 성선설은 맹자는 물론, 유학을 대표하는 사상 중 하나로 인정받게 되었다. 특히 주희는 맹자의 성선설을 계승하면서도 자신의 독자적인 세계를 구축했다. 한국의 경우 조선 학자들은 주희의 학설만을 정통으로 인정했기 때문에 고자의 설은 물론 순자의 성악설(性惡說)을 받아들이지 않았다. 현재는 옛날처럼 경직된 분위기는 아니지만, 여전히 성선설의 영향력이 가장 크다고 할 수 있다.

✳ ❈ ✳

고자의 설이 더 합리적이다

나는 맹자보다 고자의 설명이 설득력이 있다고 생각한다. 고자는 눈에 보이는 결과를 가지고 사람의 본성에 선·악의 구분이 없을 거라고 유추했다. 터놓으면 그 방향으로 가게 되어 있다는 것이다. 이후 고자는 '어떻게 하면 사람을 선하게 할 수 있는가'에 대해서는 말하지 않았지만, 이 사람의 말을 바탕으로 생각해 본다면 물을 터놓는 것처럼 사람을 선한 방향으로 이끌어주면 된다고 여기는 것으로 보인다. 이렇게 보면 사람의 본성이 원래 어떤 건지는 크게 중요하지 않다. 그런데 고자는 선악의 구분이 없다고 말했다. 다시 말하면 사람의 본성이 원래 어떤지는 모른다는 뜻이다. 알 수 없다는 입장이다.

그럼 맹자는 알았을까? 맹자는 안다고 믿은 것이지 알았다고 할 수가 없다. 물이 아래로 흐르는 게 자연스러운 것처럼 사람의 본성도 선하다고 말했을 뿐이다. 물이 아래로 흐르는 것과 사람의 본성이 선하다는 생각 사이에 아무런 연결고리가 없다. 사람의 본성이 선하다는 근거를 보여주지 못하고 주장만 하니 수긍할 수 없다. 고자의 주장은 다르다. 고자의 말에는 근거가 필요 없다. 직관적으로 이해할 수 있기 때문이다.

이 대화에서는 나오지 않지만, 맹자는 사람 본성이 선하다는 근거를 대기는 했다. 맹자는 사람에게는 누구나 사단(四端, 네 가지 실마리)이 갖춰져 있다고 주장했다. 사단은 각각 측은지심(惻隱之心, 남을 불쌍히 여기는 마음)·수오지심(羞惡之心, 불의를 부끄러워하고 미워하는 마음)·사양지심(辭讓之心, 사양하는 마음)·시비지심(是非之心, 옳고 그름을 가리는 마음)을 가리킨다.

맹자는 측은지심을 설명하면서, 우물에 빠지려고 하는 아이를 보면 누구나 그 아이를 불쌍히 여겨서 구하려고 하는데, 이건 누가 시켜서가 아니라 자연스럽게 일어나는 일이라고 주장했다. 유학자들은 물론 심지어 유학을 배우지 않은 사람들도 맹자의 주장에 동의하는 경우가 많다.

이 역시 사람의 본성이 선하다는 근거가 될 수 없다. '사단' 역시 사람과의 관계 속에서 배워야만 가질 수 있기 때문이다. 교육받지 않은 아이에게 사단이 있다고 단정할 수 없다. 성장하면서 배웠기 때문에 어린아이가 우물에 빠지려는 것을 보면 구하려는 마음이 일어나는 것이다. 우물이 위험하다는 걸 모르는 아이는 우물에 빠지려고 하는 친구를 불쌍하게 여기지 않는다. 위험이 무엇인지 불쌍한 게 무엇인지 모르기 때문이다. 사실이 이런데 맹자는 사람에게 사단이 원래부터 갖춰져 있고, 사람의 본성에는 악은 없고, 선만 있다고 주장했다.

마지막 이야기도 앞뒤가 맞지 않기는 마찬가지다. 물이 튀어 오르고 산으로 역류하는 것은 물의 본성이 아니라고 인정해 준다. 맹자의 말을 따라가 보면 선한 건 외부의 힘에 전혀 영향받지 않고, 악은 외부의 힘에 영향받는다는 것이다. 성격은 다르지만 똑같이 사람이 가지는 마음인데 두 가지는 왜 다른가? 선은 원래 있는 것이고, 악은 나중에 생겼다는 말인데 그렇다는 근거가 어디에 있는가? 맹자는 사람의 본성이 선하다고 믿었고, 자신의 믿음에 따라 살아갔을 뿐이다.

성선설, 가치가 있는 설이다. 그렇게 믿고 살아도 괜찮다. 마찬가지로 고자의 성무기설도 성선설만큼의 가치가 있다. 내가 보기에 논쟁의 승자는 없다. 맹자의 반박은 근거 없는 주장일 뿐인 데다 고자의 재반박도 없기 때문이다. 지금의 관점으로 보면 오히려 고자의 성무기설이 합리적이라 할 수도 있겠고, 좀 더 극단적으로 말하자면 순자의 성악설이 더 와닿을 수도 있겠다는 생각이 든다.

순자에 대하여

순자의 생존 연대는 미상이지만, 대략 기원전 298년에서 기원전 238년 사이로 추정되고 있다. 이름은 황(況)이며, 자는 경(卿)이며 조(趙)나라 사람이었다. 저서로는 《순자》가 있는데 모두 32편으로 구성되어 있다. 《맹자》는 그의 제자들이 편집한 것으로 알려졌지만, 《순자》는 모두 그의 친필 논문이라고 추정한다. 순자가 주장한 성악설은 사람의 본성은

본래부터 악하므로 교육을 통한 교정을 통해야만 선하게 될
수 있다고 본다.

15

나의 정답만 옳다
비판이 삭제된 유교 도그마

도는 마치 큰길과 같습니다. 알기 어렵지 않습니다. 사람이 찾지 않는 게 문제일 뿐이죠. 당신이 귀국해서 찾아보면 저 말고도 다른 스승이 있을 겁니다.

夫道, 若大路然, 豈難知哉. 人病不求耳, 子, 歸而求之, 有餘師.

〈고자〉 하편 제2장

대체로 자신에게 가르침을 청하는 사람을 받아주지 않는 경우가 흔하지는 않다. 그런데 맹자는 자신을 찾아온 사람을 돌려보냈다. 무슨 일이 있었는지 알아보자.

어느 날 조(曹)나라 군주의 아우인 조교(曹交)라는 사람이 맹자를 찾아왔다. 조교가 물었다.

"사람은 누구나 요순이 될 수 있다고 하셨다는데 그런 말씀을 하신 적이 있으십니까?"

맹자가 대답했다.

"그렇습니다."

맹자는 인의를 행하는 사람이면 누구나 요순처럼 훌륭한 사람이 될 수 있다고 생각해서 대답했는데, 이 말을 들은 조교는 조금 엉뚱한 말을 꺼냈다.

"제가 듣기로 문왕은 신장이 십 척이었고, 탕은 구 척이었다고 하는데, 제 신장은 구 척 사 촌인데도 곡식만 축내고 있을 뿐이니, 어떻게 하면 될까요?"

질문이 조금 이상한 것 같다. 자기는 옛날 훌륭한 사람보다 신장이 큰데 왜 이렇게 살고 있느냐, 내가 어떡하면 되겠느냐고 묻고 있다. 얼핏 보기에 농담 같기도 하고, 그렇지 않은 것 같기도 하다. 나이 먹은 어른의 질문이라기에는 당황스러운 수준이다. 어쨌든 맹자는 자상하게 대답해 줬다.

"그건 신장과 아무런 상관이 없습니다. 그들처럼 행동하면 되는 것일 뿐입니다. 여기 어떤 사람이 있는데, '나는 오리 한 마리도 못 이긴다'고 하면 힘이 없는 사람이 될 것이고, '삼백 근을 들 수 있다'고 하면 힘이 센 사람이 될 겁니다. 이렇게 보면 전설적인 천하장사 오확(烏獲)이 들었던 짐을 들 수 있다면 그 사람도 오확이 되는 거겠죠. 사람이 무엇 때문에 감당하지 못하는 걸 걱정하겠습니까. 하지 않기 때문일 뿐입니다."

맹자의 대답을 보면 조교는 정말 진지하게 물었던 것 같다. 맹자의 반응은 나타나 있지 않아서 무어라 말하기 어렵지만, 어쨌든 맹자는 정석대로 대답해 주었다. 훌륭한 사람이 되려면 그들의 행동을 본받으면 된다. 그럼 구체적으로 무엇을 본받으면 될까? 맹자가 말을 이어간다.

> "어른의 뒤를 따르며 천천히 걷는 것을 '공경'이라 하고, 어른보다 앞서서 빨리 가는 걸 '공경하지 않는' 거라고 하는데요. 천천히 걷는 걸 어떻게 사람이 할 수 없겠습니까? 하지 않는 거죠. 이처럼 요순의 도라는 건 누구나 할 수 있는 효도와 공경일 뿐입니다."

옛 성인의 도는 일상과 동떨어져 있지 않다. 형이상학적인 것도 아니고, 행하기 어려운 그 무언가도 아니다. 누구나 성인이 될 수 있다는 말인데, 사실 쉬워 보이기는 해도 평생토록 꾸준히 실천할 수 있는지를 생각해 보면 결코 쉽다고 할 수는 없기도 하다. 맹자는 우선 이런 점은 제쳐두고 조교가 알아들을 수 있도록 설명해 줬다.

> "당신이 요의 옷을 입고, 요의 말을 외며, 요의 행동을 하면 요가 될 수 있습니다. 반대로 걸의 옷을 입고, 걸의 말을 외며, 걸의 행동을 하면 걸이 될 뿐이겠죠."

맹자의 말은 명료했다. 맹자의 말을 들은 조교는 감명을 받았다. 조교가 말했다.

> "제가 추(鄒)나라 군주를 뵈면 숙소를 빌릴 수 있는데요. 이

후에 머물면서 선생의 문하에서 가르침을 받고 싶습니다."

맹자는 정중히 거절했다.

"도는 마치 큰길과 같습니다. 알기 어렵지 않습니다. 사람이 찾지 않는 게 문제일 뿐이죠. 당신이 귀국해서 찾아보면 저 말고도 다른 스승이 있을 겁니다."

이야기만 놓고 봐서는 맹자가 무엇 때문에 조교를 제자로 받아주지 않았는지 알기 어렵다. 주희는 이렇게 짐작했다.

"조교의 질문을 살펴보면 천근(淺近)하고 비루(鄙陋)하며 거칠고 경술하니 반드시 맹자를 뵐 때에 예절에 맞는 태도와 옷매무새와 언행의 사이에 도리를 따르지 않은 점이 많았을 것이다. 그러므로 맹자도 이처럼 '요임금과 걸'의 이야기를 해준 것이다."

조교의 질문이 엉뚱하기도 했고, 수준이 낮았다는 말이다. 사실 내가 봐도 그렇게 보이기는 한다. 뜬금없이 신장 이야기를 꺼낸 것도 그렇고, '밥만 축낸다'는 식으로 말하는 건 어딘지 모르게 무례한 것 같기도 하다. 주희는 맹자가 마지막에 옷과 말 이야기를 꺼낸 걸로 봐선 조교의 모습과 언행 모두 격식에 맞지 않았을 거라고 짐작했다. 여기에서 끝이 아니었다. 주희는 또 이렇게 생각했다.

"숙소를 빌린 뒤에 수업하려고 했으니 또 그 도를 구하는 자세가 돈독하지 못함을 볼 수 있다."

배우기로 마음을 먹었으면 맹자의 문하에 머물러야 한다는 말이다. 배움을 청하는 태도가 적극적이지 않아서 거절했다는 것이다. 받아들이고 말고는 다음 문제이고, 충분히 할 수 있는 생각으로 보인다.

내가 보기에 이 문장의 핵심은 맹자의 성인에 대한 생각인 것 같다. 맹자는 유학의 도는 일상과 떨어져 있지 않고, 그 내용은 효도와 공경이며, 성인은 이 두 가지를 실천했을 뿐이므로 일반인도 성인이 될 수 있다고 주장했다. 할 수 있는 말을 다 한 것이다. 이렇게 보면 조교를 제자로 받지 않은 일은 어찌 보면 중요하지 않을 수도 있다. 그러나 후대 유학자의 입장에서는 맹자가 그렇게 했던 이유를 밝히고 싶었을 것이다. 당나라의 공영달은 조우(趙佑)의 《온고록(溫故錄)》에 수록된 내용을 인용하면서 자신의 견해를 드러냈다.

"조교가 요순에 대한 이야기를 듣고는 자신도 그와 같아지려는 마음에서 맹자에게 수업하기를 청했으니 아주 의지가 없는 사람은 아닌 것 같다. 그리하여 맹자 역시 그에게 자상하게 일러주었다. 조교가 추나라의 군주에게 숙소를 빌리겠다고 한 것도 사정상 있을 수 있는 일이다. 그걸 이상하게 생각할 필요는 없다. 이래서 맹자 역시 돌아가서 스승을 구해보라고 한 것이다. 그러나 조교가 신분이 귀한 것을 믿고

맹자에게 질문을 했으므로 맹자가 끝내 거절한 것이라 생
각한다. 다만 거절을 하면서도 분명히 가르쳐 준 행동이라
할 수 있겠다."

조교가 신분이 귀한 것을 믿고 맹자에게 물어보았기 때문에
거절당했다는 취지의 주석이다. 얼핏 봐선 수긍하기 어려운
데, 이 말에는 나름의 근거가 있다. 맹자는 〈만장〉 하편 제3장
에서 이렇게 말했다.

"(서로 벗하는 사이가 되려면) 나이가 많은 것을 믿지 않고, 높
은 신분을 믿지 않으며, 형제 중의 부귀한 사람을 믿지 않고
벗하는 것이다. 그의 덕을 벗하는 것이므로 믿는 구석이 있
어서는 안 된다."

주희와 공영달의 주석을 정리해 보면 이렇다. 조교는 예의가
없었고, 적극적으로 배우려 하지 않았으며, 높은 신분을 믿고
맹자를 대했기 때문에 거절당했다.

✳ ✵ ✳

맹목적인 생각은 어디에서 비롯되었나

원문만 읽어보면 조교와 맹자의 대화에 무슨 문제가 있는 것
으로 보이진 않는다. 조교가 약간은 수준 낮은 질문을 했어도,

맹자는 자상하게 대답해 줬고, 거절하는 방식도 나쁘지 않았다. 만약 맹자가 '너 같은 사람은 가르치기 싫으니까 그냥 돌아가라'는 식으로 말했더라면 모를까 정중하게 거절을 했기 때문에 맹자에게 뭐라고 할 수 없다.

조교에게도 크게 비판할 만한 점이 없다. 질문의 수준이 낮은 것 외에는, 이 사람의 언행에서 별다른 문제를 찾을 수가 없다. 그런데 주희는 조교를 이상한 사람으로 만들어버렸다. 질문의 수준이야 누가 봐도 낮으니 인정할 수 있겠지만, 원문에 나타나 있지도 않은 옷차림과 대화의 분위기를 멋대로 단정하고, 심지어 조교의 성정까지 부정적으로 묘사한 점에는 수긍할 수 없다.

오래 머물면서 배우려면 당연히 숙소가 있어야 한다. 굳이 맹자의 집에 머물러야 할 이유도 없다. 이런 행동까지 문제 삼을 필요가 없다. 당장 공영달의 주석만 봐도 "사정상 있을 수도 있는 일이다. 그걸 이상하게 생각할 필요는 없다"고 하면서 조교의 말을 문제 삼지 않고 있다. 굳이 이렇게까지 조교를 깎아내릴 이유가 없다는 말이다. 그런다고 해서 맹자가 더 높아지는 것도 아니다.

앞서 말했듯 이 문장에서 말하고자 하는 건 '맹자가 제자를 받지 않은 일'이 아니라 '맹자가 생각하는 성인'에 대한 것이다. 조교는 맹자가 설명을 할 수 있도록 돕는 역할을 했을 뿐이다. 무슨 이유인지는 알 수 없으나 맹자는 조교를 제자로 받아주지 않았는데, 이 문제에 대해서는 굳이 심각하게 생각할 필요가 없다. 맹자가 조교를 받아주기 싫어서 완곡하게 거절했을 뿐이라고 해도, 이 문장을 이해하는 데 아무런 문제가 없다.

둘의 대화에는 숨겨진 코드 또는 일반인이 알기 어려운 깊은 뜻이 없다. 액면만 봐도 충분히 이해할 수 있는 내용으로 이루어진 문장일 뿐이다. 그런데도 주희는 굳이 조교를 깔아뭉개는 방식으로 맹자를 높이려고 했다. 하지 않아도 될 말을 해서 논점을 흐렸다. 객관적인 근거를 제시하지 않고 오로지 자신의 짐작으로 주석을 했다. 이건 주희의 위대한 업적에도 불구하고, 학자답지 못한 일이다.

현대인은 옛사람의 말을 모두 이해할 수 없다. 그렇다고 해서 옛사람의 말 모두에 '뭔가 우리가 알 수 없는 깊은 뜻'이 있다고 생각할 필요도 없다. 옛사람을 존경하고 배우려는 자세는 지녀야 하겠지만, 지금과 옛날은 모든 면에서 다르다는 점, 옛사람이 훌륭한 위인이라고 해서 그들의 언행 모두를 따라야 할 이유도 필요도 없다는 점을 알아야 하겠다.

옛사람까지 거슬러 올라가지 않아도 된다. 지금에도 누군가를 지지하고 따른다면서, 지지하지 않거나 비판하는 사람들을 두고 그들을 깔아뭉개면서 '그분에게는 다 생각이 있다'고 하는 사람들이 도처에 깔려 있다. 이런 맹목적인 생각이 어디에서 비롯되었겠나. 주희와 같은 사람들에게 꽤 많은 책임이 있다.

오확에 대하여

무왕 시대 장사로 이름이 있었던 사람이다. '확(獲)'은 '획득
(獲得)하다'라고 할 때의 '획'인데 사람의 이름으로 쓰일 때는
'확'으로 읽는다. 《사기(史記)》〈진본기(秦本紀)〉에 "무왕이 힘
센 사람을 좋아했는데 이때 임비(任鄙), 오확, 맹설(孟說) 등은
모두 큰 벼슬을 했다"는 기록이 있다. 《한비자(韓非子)》〈관행
(觀行)〉 편에도 오확 이야기가 수록되어 있다.

"오확은 천균(千鈞)의 물건은 가볍게 들었지만 자기 몸은
가볍게 다루지 못했다. 이것은 그의 몸이 천균보다 더 무
거워서가 아니라 물건을 들 때 자세를 잡기가 불편했기
때문이었다."

16

대인과 소인의 거짓 구분
노동 천시의 뿌리

천하를 다스리는 일만 유독 농사를 지으면서 할 수 있다는 겁니까? 대인의 일이 있고, 소인의 일이 있는 법입니다. 한 사람에게는 여러 기술자가 만든 물건이 필요한데, 반드시 이 물건들을 직접 만든 뒤에야 쓴다면 이건 세상 사람을 끌어 길거리에 분주히 다니게 만드는 것입니다. 이래서 '어떤 사람은 마음을 쓰고, 어떤 사람은 힘을 쓰니, 마음을 쓰는 사람은 남을 다스리고, 힘을 쓰는 사람은 남에게 다스려진다'고 했던 겁니다. 남에게 다스려지는 사람은 남을 먹여주고, 남을 다스리는 사람은 얻어먹는 것이 세상에 통용되는 이치입니다.

然則治天下, 獨可耕且爲與. 有大人之事, 有小人之事, 且一人之身而百工之所爲, 備, 如必自爲而後, 用之, 是, 率天下而路也. 故曰, 或勞心, 或勞力, 勞心者, 治人, 勞力者, 治於人, 治於人者, 食人, 治人者, 食於人, 天下之通義也.

〈등문공〉 상편 제4장

전국시대에는 많은 사상가들이 활동했다. 이들 중에는 농사짓는 일이 최고라고 주장하는 농가(農家)학파도 있었다. 《맹자》의 〈등문공(滕文公)〉 편에는 농가와 맹자의 논쟁이 소개되어 있다. 농가의 학설을 따르는 진상(陳相)은 이렇게 말했다.

> "등나라 임금은 어진 임금입니다. 그렇지만 바른 도는 배우지 못했습니다. 어진 사람은 백성과 함께 농사를 지어 먹으며 직접 아침저녁 밥을 지어 먹으면서 나라를 다스리는데 지금 보니 등나라에는 곡식 창고 재물 창고가 있습니다. 이건 백성을 해쳐서 자기를 봉양하는 것이니 어떻게 어진 임금이라 할 수 있겠습니까?"

맹자는 이에 대해 나라 다스리는 일과 농사는 본질적으로 다르므로 두 가지를 함께 할 수 없다고 반박했다. 농가는 농사짓는 데에 방해가 되는 일을 하지 않았는데 이를 두고 맹자는 "그렇다면 천하를 다스리는 일만 유독 농사를 지으면서 할 수 있다는 겁니까?"라면서 농가의 모순을 지적했다. 그러면서 이런 말을 덧붙였다.

> "대인의 일이 있고, 소인의 일이 있는 법입니다. 한 사람에게는 여러 기술자가 만든 물건이 필요한데, 반드시 이 물건들을 직접 만든 뒤에야 쓴다면 이건 세상 사람을 끌어 길거리에 분주히 다니게 만드는 것입니다. 이래서 '어떤 사람은 마음을 쓰고, 어떤 사람은 힘을 쓰니, 마음을 쓰는 사람은 남을 다스리고, 힘을 쓰는 사람은 남에게 다스려진다'고 했던 겁니다. 남에게 다스려지는 사람은 남을 먹여주고, 남을 다스리는 사람은 얻어먹는 것이 세상에 통용되는 이치입니다."

대인의 일은 나라를 다스리는 일이고, 소인의 일은 농사를 가리킨다. 나라를 다스리는 일이 대인의 일이라 했으므로 '마음을 쓰는 사람'은 대인이고, '힘을 쓰는 사람'은 소인임을 알 수 있다. 그러니까 맹자는 직설적으로 '힘을 쓰는 일은 하찮다'고 하진 않았지만, 마음을 쓰는 일보다는 낮다는 생각을 드러내고 있다. 주희 역시 이와 비슷한 주장을 했다.

> "군자는 소인이 없으면 굶주리고, 소인은 군자가 없으면 혼란하니, 이것을 가지고 교역하는 것은 바로 농부와 장인이 곡식과 도구를 가지고 교역하는 것과 같다. 이것은 서로 구제하는 것이지 서로 해롭게 하는 것이 아니다. 천하를 다스

리는 자가 무엇 때문에 농사를 지으면서 동시에 정치를 할
것이 있겠는가.”

이 말에 따르면 소인은 어리석어서 군자가 없으면 혼란해진
다. 그러므로 군자는 소인을 잘 가르쳐야 하며, 소인은 그 가
르침의 대가로 군자에게 먹을 것을 제공해야 한다는 것이다.
이처럼 소인은 ‘힘을 쓰는 사람’이며, ‘남에게 지배당하는 사
람’이므로 신분이 낮다. 유학자들은 신분이 낮은 사람은 머리
를 쓰지 말고 힘을 쓰는 게 당연하다고 생각했다. 춘추시대에
공자가 편찬한 《춘추(春秋)》라는 역사책에도 이와 비슷한 내용
이 보인다.

“군자는 예의에 부지런하고, 소인은 힘쓰는 일에 진력한
다.”(君子勤禮, 小人盡力.)
— 〈노성공(魯成公)〉 하

“군자는 마음을 쓰고, 소인은 힘을 쓰는 것이 선왕의 제도이
다.”(君子勞心, 小人勞力, 先王之制也.)
— 〈노양공(魯襄公)〉 일(一)

그런데 오늘날에는 소인을 ‘속이 좁은’, ‘치사한’ 사람이라고 하
면서 성품을 이야기하는 경우가 많다. 그 기원은 어디일까?
《맹자》 이전에 나온 《논어(論語)》를 보면 알 수 있다.

“군자는 두루 사랑하고 자신의 무리만 사랑하지 않는다. 소

인은 자신의 무리만 사랑하고 두루 사랑하지 않는다."(君子, 周而不比. 小人, 比而不周)

— 〈위정(爲政)〉

"군자는 의에서 깨닫고, 소인은 이익에서 깨닫는다."(君子, 喩於義. 小人, 喩於利)

— 〈이인(里仁)〉

"군자는 평탄하여 여유가 있고, 소인은 늘 걱정스러워한다."(君子, 坦蕩蕩, 小人, 長戚戚.)

— 〈술이(述而)〉

"군자는 남의 좋은 점을 이끌고 권장하지만, 나쁜 점을 권장하진 않는다. 소인은 이와 반대이다."(君子, 成人之美, 不成人之惡. 小人反是.)

— 〈안연(顔淵)〉

"군자는 문제점을 자신에게서 찾고, 소인은 남에게서 찾는다."(君子求諸己, 小人求諸人.)

— 〈위령공(衛靈公)〉

"여자와 소인은 다루기 어렵다. 가까이하면 기어오르고, 멀리하면 원망한다."(唯女子與小人, 爲難養也. 近之則不遜, 遠之則怨.)

— 〈양화(陽貨)〉

소인은 속이 좁아서 다루기도 힘들고, 이기적이며, 이익에 목을 매고, 늘 걱정이 많다. 다른 사람 흉보기를 좋아하며, 자신이 무언가를 잘못하면 다른 사람을 탓한다. 이쯤에서 《춘추》, 《논어》,《맹자》의 말을 한번 섞어보자. 힘을 쓰는 사람, 온갖 나쁜 점은 다 갖추고 있는 사람을 소인이라고 정리할 수 있겠다.

결국 농가와의 논쟁에서는 직접 밝히지 않고 있지만, 맹자는 사고의 바탕에 인간이 안 된 사람이 곧 육체노동을 하는 사람이고, 육체노동을 하는 사람은 인간이 안 된 사람이라는 관념이 자리하고 있다는 점을 알 수 있다. 주희는 이런 생각을 더 분명히 드러냈다. 이래서 유학자들은 소인은 늘 지배를 당해야 하고, 자신들과 같은 대인(혹은 군자)은 얻어먹는 게 당연하다고 여겼다.

✳ ✦ ✳

유학이 뿌려놓은 잘못된 고정관념

이런 사고방식은 현재 한국인의 의식에 깊이 뿌리박혀 있는 것 같다. 오늘날 한국은 유학 중심의 사회가 아니지만, 오랜 기간 유학의 영향권에 속해 있었으므로 아직 완전히 그 그늘에서 벗어나지 못하고 있어서 그렇다. 이러다 보니 많은 한국인은 사회에 부조리한 일이 있을 때마다 유학의 악영향을 비판하면서도, 맹자와 같은 유학자들처럼 노동자나 가난한 사람을 소인으로 여기며 멸시하고 있다는 말이다.

‘나는 그렇지 않다’고 생각하는 사람들을 위해 좀 더 구체적으로 말해 보겠다. 한국 사람들 대부분은 ‘머리를 쓰는 사람은 남을 다스린다’는 맹자의 말, 유학적인 관념에서 벗어나지 못하고 있다. 노동은 못 배운 사람이나 하는 것이라는 생각, 못 배운 사람이 힘들게 사는 건 당연하다고 여기는 마음을 지니고 있다. 이렇게 살지 않으려면 머리 쓰는 일을 해야 한다. 명문 대학에 진학해야 하고, 앉아서 일하는 사무직이 되어야 정상적인 사람이라고 생각한다. 나는 그렇지 않다고 자신 있게 말할 수 있나?

이 정도만 되어도 그나마 다행이다. 여기에서 그치지 않는다는 게 더 문제다. 현재 한국에는 일한 만큼의 대가를 얻지 못하는 노동자가 많다. 이 사람들의 삶은 늘 고달프고, 앞날은 어두워 보인다. 너무 힘들어서 조금 더 나은 환경을 만들어달라고 부탁하고, 일한 만큼 보수를 달라고 요구한다. 이런 사람들에게 뭐라고 하고 있는가. "배부른 소리 하지 마라", "못 먹고 못 살던 옛날보단 낫지 않나? 가만히 있어라", "네가 공부를 못해서, 노력을 안 해서 그런 건데 왜 불평이냐?"라고 한다.

이런 세태의 원인 모두가 유학에 있지는 않다. 그러나 조금만 생각해 봐도 이 바탕에 유학이 뿌려놓은 잘못된 고정관념이 깊게 깔려 있다는 점을 부인할 수는 없다. 현재의 답답한 현실을 애써 외면하지 말았으면 한다. 노동을 천시하고, 노동자를 멸시하는 태도는 어디에서 비롯되었는가. 한국의 민간신앙에서? 승려에게서? 담뱃대를 입에 물고 높은 마루에 앉아서 남들이 갖다주는 것을 당당하게 받아먹으면서 '공자 왈 맹자 왈' 하며 거드름을 피워대던 그 사람들에게서 나온 것이다. 이런 비정상적인 관념이 여전히 한국 사회를 지배하고 있다는 점을 알았으면 한다.

이런 상황이니 사회 분위기가 좋을 수가 없다. 이를 두고 공자 왈 맹자 왈 하는 사람들은 '옛 성현의 글을 배우지 않아 도덕이 땅에 떨어졌기 때문에 사회 분위기가 나빠졌다'고 말한다. 그렇지 않다. 신분제가 없어진 사회를 살면서도 신분제 사회를 그리워하면서, 그 시대의 낡아빠진 관념을 고수하는 사람들이 가득하기 때문에 그런 것이다. 유학을 좋아하는 사람이든 싫어하는 사람이든 공통으로 지닌, 지극히 유학적인 관념부터 버려야 하겠다.

전국시대의 사상가들

전국시대는 중국 사상사의 황금기라 할 만 했다. 맹자의 유가 이외에도 도가, 묵가(墨家), 법가, 농가 등 여러 분야의 사상가들이 자신의 학설을 선전하기 위해 여러 나라를 돌아다녔다. 이들을 제자백가(諸子百家)라 한다. '제자'는 여러 선생이라는 뜻이고, '백가'는 수많은 학파를 의미하는 말이다. 《한서(漢書)》의 〈예문지(藝文志)〉에서는 유가·묵가·종횡가(縱橫家)·도가·음양가(陰陽家)·법가·명가(名家)·잡가(雜家)·농가 등 9류로 분류했는데 여기에 소설가(小說家)를 더한 것을 일반적으로 제자백가라 부른다. 이들 중 맹자는 묵가의 학설을 가장 강도 높게 비판했다. 《맹자》에는 맹자가 묵가, 농가의 사상가들과 논쟁하는 부분이 소개되어 있다.

---

7   심경호 지음,《한학연구입문》, 이회, 2003.

17

인을 행한 밥값
무위도식의 합리화

자네는 어째서 뜻을 갖고 말하나? 자네는 남이 자네에게 일한 공로
가 있느냐 없느냐를 따져서 먹일 만해야 먹여주겠다고 생각하는 것
같은데. 그럼 자네는 뜻을 살펴보고 먹여주는가? 공로를 살펴보고 먹
여주는가?

曰, 子, 何以其志爲哉. 其有功於子, 可食而食之矣, 且子, 食志乎, 食功乎.

〈등문공〉 하편 제4장

사지호, 사공호

食志乎, 食功乎

**"뜻을 살펴보고 먹여주는가?
공로를 살펴보고 먹여주는가?"**

맹자는 각국으로 유세를 다닐 때 제자를 비롯한 많은 이들과 함께 다녔다. 이러다 보니 맹자를 맞이하는 나라에서는 맹자 일행의 생활에 들어가는 비용을 마련해 줘야 했다. 설(薛)나라에서는 맹자의 경호를 위해 돈을 주었고. 송나라에서는 떠나는 맹자에게 여행 경비를 주기도 했다. 각국에서 꽤 큰 비용을 쓴 셈인데, 맹자는 제후들의 이런 대접을 크게 고마워하지 않았던 것 같다. 그래서인지 제자 팽경이 맹자에게 물었다.

"뒤를 따르는 수십 대의 수레와 수백 명의 종자를 거느리고 제후들을 찾아가 밥을 얻어먹는 것은 너무 지나친 일 아닌가요?"

맹자가 대답했다.

"정당한 방법으로 주는 게 아니라면 한 그릇의 밥도 받아서

는 안 되겠지만, 정당한 방법으로 주는 거라면 순임금은 요
임금에게 천하를 받았어도 지나치지 않다고 여겼는데 자네
는 이 정도를 갖고 지나치다고 생각하나?"

요와 순은 전설 속의 왕인데 이들은 왕의 자리를 세습하지 않
고 현명한 사람에게 넘겼다고 한다. 그래서 유가에서는 요순
을 성군으로 높였다. 맏아들에게 왕위를 물려주는 '장자상속
(長子相續)'은 순에게 왕위를 물려받은 우(禹)에서부터 비롯되
었다고 한다. 맹자는 이 일화를 통해 누구는 나라를 받고도 지
나치다고 생각하지 않았는데 밥을 얻어먹는 것 정도는 그에
비하면 아무것도 아니라고 생각했다. 팽경이 말했다.

"그런 말이 아니라 선비가 일없이 밥을 얻어먹는 것은 안 될
것 같다는 말씀입니다."

팽경은 맹자가 자신의 질문을 이해하지 못했다고 생각했다.
자신은 얻어먹는 일의 정당성 여부가 아니라, 아무 일도 하지
않으면서 얻어먹는 게 너무한 거 아니냐고 물어봤는데, 맹자
는 정당성을 가지고 대답했기 때문이다. 그러자 맹자는 이렇
게 말했다.

"자네가 부족한 물품을 채우기 위해 남들과 교역하지 않는
다면 농사꾼에게는 곡식이 남아돌고, 아녀자에게는 삼베가
쌓이게 될 거야. 그러나 자네가 교역을 한다면 목공이나 수

레 만드는 장인들이 모두 자네 덕분에 밥을 먹게 되겠지. 만약 여기에 집에서는 부모에게 효도하고, 밖에서는 어른을 공경하며, 선왕(先王)의 도를 지키며 후세의 학자를 기다리는 사람이 있다고 해 보자고. 그런데 이런 사람은 자네에게 밥을 얻어먹을 수 없어. 자네는 어째서 목공이나 수레 만드는 사람들은 높이면서 인의를 행하는 사람은 가볍게 여기는 건가?"

쉽게 말해 맹자는 "선비는 인의를 통해 세상의 교화에 기여하는 일로 먹고사는데, 팽경 너는 왜 노동을 해야만 먹고살 수 있다고 생각하는가. 각자 먹고사는 방법이 다른 것이다. 결과적으로 너는 선비를 하찮게 보고 있는 거야"라고 말한 것이다. 이제야 맹자는 팽경이 알아듣도록 설명을 해준 셈이다. 그러나 팽경은 알아듣지 못하고 또 물었다.

"목공과 수레 만드는 사람은 그들의 뜻이 먹을 것을 구하는데에 있습니다. 그렇다면 군자가 도를 행하는 것도 그 뜻이 먹을 것을 구하는 데 있다는 말인가요?"

팽경은 선비도 노동자처럼 일을 해야 한다고 생각하고 있다. 그런데 맹자가 도를 닦는 것도 일을 하는 것과 마찬가지라고 하니, 그 점에 동의하지 않았다. 가만히 앉아 도를 닦으면서 먹을 것을 구하는 데 뜻을 둔다는 게 말이 되느냐는 것이다. 맹자가 대답했다.

"자네는 어째서 뜻을 갖고 말하나? 자네는 남이 자네에게
일한 공로가 있느냐 없느냐를 따져서 먹일 만해야 먹여주
겠다고 생각하는 것 같은데. 그럼 자네는 뜻을 살펴보고 먹
여주는가? 공로를 살펴보고 먹여주는가?"

팽경은 노동자나 선비의 목적을 살펴보고 먹여준다고 했는데,
맹자가 보기에 팽경은 목적보다는 결과를 살펴보고 먹을 것
을 주는 사람이다. 그래서 다시 물어봤다. "너는 목적을 중시
하나, 결과를 중시하나?" 팽경이 말했다.

"뜻을 살펴보고 먹여줍니다."

팽경은 목적을 중시한다고 대답했다. 사실은 결과를 중시하는
데 자신은 그렇지 않다고 생각한 것이다. 맹자는 이 점을 문제
삼았다.

"어떤 사람이 있다고 가정을 해보겠네. 그 사람이 기왓장을
부수고 담장에다 낙서를 하면서 밥을 구하는 데 뜻을 두었
다고 한다면 자네는 그 사람에게 밥을 주겠나?"
"아닙니다."
"그럼 자네는 뜻을 살피는 게 아니라 공로를 살펴보고 먹여
주는 사람인 거야."

팽경은 이런 생각을 지녔기 때문에 선비가 도만 닦으면서 일

을 하지 않는 행위를 이해하지 못한다는 말이다. 그래서 결론이 뭔가? 노동자가 물건을 만들고 팔아서 밥을 얻는 것처럼 선비는 세상에 도를 전하면서 밥을 얻는다는 말이다. 나 맹자는 그런 사람이다. 그러므로 각국을 돌아다니면서 경비를 얻거나 밥을 얻어먹는 건 전혀 지나친 일이 아니라는 것이다.

✴ ✧ ✴

맹자는 얻어먹을 만한 일을 하지 않았다

나는 이 글을 읽으면서 팽경의 처지에서 생각을 해봤다. 반드시 먹고살기 위해 유학을 공부한 건 아니지만, 아무 일도 안 하면서 얻어먹기만 하니 마음이 편하지는 않았을 것 같다. 얻어먹었다면 최소한 밥값은 해야 할 것 같은데 그런 것 같지도 않다. 맹자처럼 얻어먹는 걸 당연하게 여기지 않았다는 말이다. 팽경은 이런 마음을 담아서 질문했다.

맹자는 부모에게 효도하고 어른을 공경하며 인의를 행하는 것이 밥값이라고 대답했다. 내가 보기에 이건 밥값이라 할 수 없을뿐더러, 밥값이라 인정한다 해도 맹자는 밥값을 못했다. 맹자는 위나라와 제나라에서 아무 일도 하지 못했다. 다른 나라에 가서도 그 나라에 기여한 일은 하나도 없다. 조금이라도 번듯하게 해놓은 일이 있었더라면 다른 사람도 아닌 제자의 입에서 저런 말이 나오지 않았을 것이다.

인의가 제아무리 좋은들 현실 정치에 적용하지 못해서 백성들은 그 혜택을 전혀 누리지 못했다. 게다가 맹자는 부모와 어른을 공경하는 일이 먹고사는 것과 직접적인 관련이 있다고 생각한 모양인데, 전적으로 맹자만의 생각일 뿐이다. 먹고사는 일과 공경은 성격이 다르다. 밥을 먹으려면 직업이 있어야 한다.

자신이 각국을 돌아다니면서 얻어먹은 일을 요순에 빗대어 합리화한 것도 매우 잘못되었다. 이들이 한 일은 전설일 뿐이지만, 어쨌든 순은 요임금의 밑에서 열심히 일을 해서 인정받았다. 순의 뒤를 이은 우임금은 치수(治水) 방면에서 큰 공을 세워 그 공로를 인정받아 왕이 되었다. 성과가 있었다는 말이다. 맹자는 아무것도 한 일이 없다.

맹자의 생각을 모두 인정한다고 하더라도 맹자는 밥값을 못했다. 밥을 얻어먹을 만큼 세상에 영향력을 발휘하지 못했기 때문이다. 각국을 돌아다니면서 자기주장을 했을 뿐 백성들의 삶 속에 있지도 않았다. 후대의 유학자들에 의해 공자 다음으로 존경받고 자신의 사상이 중국을 넘어 한국에까지 영향을 주었다고 해서, 살아 있을 때의 행적까지 높일 이유가 없다.

그래서인가. 맹자의 뒤를 이은 유학자들은 평생 놀고먹었다. 모두는 아니겠지만, 대부분 그랬다. 백성의 정신적인 지주를 자처하면서 그들이 피땀 흘려 수확한 곡식을 모조리 빼앗아 갔다. 어른을 공경해야 한다면서 농민의 어른들은 죽을 때까지 부려먹었다. 자기네들은 성인의 도를 배운 고귀한 사람들이니까 일을 하면 안 되고, 백성들은 자신들 덕분에 성인들

의 도를 맛이라도 보면서 사니까 얻어먹는 것을 당연하게 생
각했다. 자신들이 은근히 낮잡아 보는 양혜왕·제선왕과 다른
게 무엇인가.

시대 환경이 바뀐 지금도 저런 낡아빠진 사고방식에 젖어
서 사는 사람들이 많다. 책상머리에 앉아 공부만 해서 높은
점수를 받아 명문대에 들어가고, 그 점수 하나로 사회에 나와
좋은 자리를 차지해서는 대접받는 걸 당연하다고 여긴다. 노
동자와 농민의 덕으로 먹고살고 있으면서 이들을 낮잡아 보
고 하대한다. 못 배운 사람을 무시하며, 가르치려 든다. 일부
러 찾지 않아도 주변에서 쉽게 찾아볼 수 있다. 물론 이 모든
게 맹자의 탓이 아니라는 건 알고 있다. 오랫동안 한국인의
정서를 지배했던 유학의 영향에서 아직 벗어나지 못하고 있
다는 정도로 정리하면 되지 않을까 한다.

태평성대의 세 성군

요(堯): 전설적인 성군의 상징이다. 《사기》에는 "그의 인은
하늘 같았고, 지혜는 신과 같았다. 백성들은 그를 해처럼 추
종했고, 구름처럼 바라보았다. 부귀하면서도 교만하지 않았
고, 사람을 무시하지 않았다"라고 하면서 요의 사람됨을 묘
사해 놓았다. 임금이었지만 궁궐을 짓지 않고, 초가집에서
검소하게 살았다고 한다. 요는 정치력이 매우 뛰어나서 백
성에게 군림하지 않으면서 정치를 하는 흔적조차 남기지 않

고 백성들을 다스렸기 때문에 백성들은 '해 뜨면 일하고 해 지면 쉬네. 우물을 파 물 마시고 밭을 갈아 밥 먹으니 임금의 힘이 내 삶에 어떤 영향을 주겠는가'라고 노래했다고 한다. 이것이 유명한 격양가(擊壤歌)라는 노래인데 말 그대로 땅바닥을 툭툭 치면서 여유 있게 부르는 노래이다.

순(舜): 요는 임금 자리를 아들에게 넘기지 않고 순에게 넘겨주었다. 이것을 선양(禪讓)이라 하는데 왕의 지위를 양보했다는 의미를 지니고 있다. 요는 자신의 뒤를 이어 천하를 다스릴 사람을 구하기 위해 주위에서 추천받았는데 순(舜)은 부모에게 효도를 잘하는 것으로 정평이 나 있었으므로 요는 그에게 왕위를 넘겨주었다고 전해진다. 순의 아버지는 악하기로 소문난 고수(瞽瞍)라는 사람이었다. 고수는 장님이라는 뜻이다. 고수는 전처가 죽자 새장가를 들었는데 신부가 그야말로 팥쥐 엄마보다 심술이 고약했다. 순을 미워해서 날마다 죽이려 들었는데 순은 이에 아랑곳하지 않고 성심껏 효도를 다했다고 한다. 이런 인품을 갖고 있던 순이었으므로 이후에 왕위에 올라서도 정치를 훌륭하게 해서 요임금과 같은 태평성대를 유지했다고 전해진다. 유학자들에게 순은 효의 화신으로 존경받고 있다.

우(禹): 태평성대를 구가하던 요순의 시대에도 문제는 있었다. 바로 자연재해였는데 당시의 중국은 치수 사업이 이루어지지 않아 홍수의 피해가 심했다고 한다. 우는 바로 이 치수 사업의 공적을 인정받아 순으로부터 왕위를 물려받았다.

맹자는 '우임금은 치수 사업 때문에 8년 동안 밖에 있으면서
세 번 정도 자신의 집 앞을 지나쳤는데도 들어가지 않았다'
라고 했을 만큼 치수 사업에 열정적이었다. 이후 그는 중국
최초의 국가인 하(夏)나라의 시조가 되었고, 왕위를 능력 있
는 사람에게 양보하던 미풍양속은 우임금 이후로부터 장자
상속(長子相續)으로 바뀌었다고 한다. 현재 중국 지도에 나타
나는 물길은 모두 우임금이 공사를 했다고 전해지고 있다.

18

전쟁 앞에서 인을 외치다
비현실적 이상론의 폭력

이렇게 보면 왕도정치를 하지 않아서 그렇지 만약 왕도정치를 한다
면 천하의 사람들이 모두 머리를 들고 오기를 바라면서 그 사람을 왕
으로 모시려고 할 거야. 사실이 이런데 제나라와 초나라가 비록 크지
만 두려워할 게 뭐 있겠나.

不行王政云爾. 苟行王政, 四海之內, 皆舉首而望之. 欲以爲君. 齊楚, 雖大,
何畏焉.

〈등문공〉 하편 제5장

제초수대, 하외언

齊楚雖大, 何畏焉

**"제나라·초나라는 비록 크지만,
두려워할 게 뭐 있겠나."**

중국의 전국시대에는 칠웅(七雄)이라고 불리는 일곱 개의 강대국이 있었다. 이들 외의 나라는 약해질 대로 약해져서 겨우 명맥만 유지하고 있었다. 결국 하나둘씩 강대국에 병합되면서 멸망의 길을 걸어야 했다. 송나라도 이런 약소국 중의 하나였다. 맹자가 활동할 때 송나라의 왕은 언(偃)이라는 사람이었다. 이 사람은 제나라를 공격해서 다섯 개의 성을 얻었고, 초나라를 공격해서 300리의 땅을 얻었으며 위나라와의 싸움에서도 이겼다. 이래서 송나라는 제·초·위나라와 적대관계가 되어버렸다. 이후 송나라는 이들 세 나라의 연합군에 의해 멸망했고, 영토는 연합군이 쪼개서 나눠 가졌다.

맹자는 송나라가 망하기 전, 송나라의 왕이 인정을 행하려 한다는 이야기를 듣고 그를 만나보았다고 한다. 인정은 유학의 사상을 바탕으로 나라를 다스리는 것을 뜻하는데, 송나라는 인정이 문제가 아니라 나라의 존폐를 걱정해야 할 만큼 약하다는 문제가 있었다. 맹자의 제자인 만장은 이런 점을 우려했다.

"송은 작은 나라입니다. 지금 왕도정치를 행하려 하는데 제와 초나라가 이들을 미워해서 공격하면 어째야 하겠습니까?"

맹자는 하나라를 멸망시키고 은나라를 세웠던 탕왕의 일화를 통해 만장의 우려를 불식시키려 했다.

"탕이 박읍(亳邑)에 계실 적에 갈(葛)나라와 이웃이 되었다. 이때 갈의 우두머리 갈백(葛伯)은 방탕해서 제사를 지내지 않았지. 탕이 사람을 시켜 물었어. '왜 제사를 지내지 않습니까?' 갈백이 대답했지. '제사에 쓸 희생이 없기 때문입니다.' 탕은 이 말을 듣고 소와 양을 보내주었지. 그런데 갈백은 그걸 먹어버리고 또 제사를 지내지 않았어. 탕은 다시 사람을 보내 물었어. '왜 제사를 지내지 않습니까?' 갈백이 대답했어. '제사에 쓸 곡식이 없기 때문입니다.' 탕은 박읍의 사람들을 갈백에게 보내 농사를 짓게 했는데, 이때 일을 할 수 없는 노약자들은 밥을 날랐지. 그런데 갈백은 그의 백성을 거느리고 와서 술과 밥을 내오는 사람들에게 강제로 물건을 빼앗고, 주지 않는 자를 죽여버렸어. 어떤 어린아이가 밥과 고기를 가지고 왔는데 그 아이까지 죽이고 빼앗았네. 《서경(書經)》에는 '갈백이 밥 먹이는 사람을 원수로 여겼다'고 기록되어 있는데 바로 이 사건을 두고 말한 거야."
"…."
"어린아이가 죽은 사건 때문에 탕은 갈을 정벌했는데 세상 사람들 모두 '탕이 천하를 탐해서가 아니라 보통 사람들을 위해 복수를 해주시려는 것이다'라고 말했다 한다."

당시 하나라의 왕은 걸(桀)이었는데, 역사에 폭군으로 기록된 사람이다. 걸은 말희(妹喜)라는 첩에게 빠져 정사를 돌보지 않았고, 말희를 위해 궁전을 건설한다는 명목으로 백성에게 무거운 세금을 부과했다. 자신을 말리는 신하들은 쫓아내거나 죽여버렸다.

탕 역시 원래는 걸의 신하였는데, 걸에게 충언을 했다가 미움받아 옥에 갇힌 적이 있었다. 결국 탕은 반란을 일으켜 하나라를 멸망시키고 은나라를 세웠다. 일화에 등장하는 갈은 하나라에 속한 제후국이었는데 탕은 갈을 공격하면서 하나라 정벌을 본격적으로 시작했다. 갈의 우두머리인 갈백 역시 걸과 같은 나쁜 왕이었기 때문이다. 맹자는 말을 이어갔다.

"탕이 첫 번째 정벌을 갈나라로부터 시작해서 모두 11개국을 공격하였는데 탕에게 대적하는 사람이 없었다. 동쪽을 정벌하면 서쪽의 오랑캐가 원망했으며, 남쪽을 정벌하면 북쪽의 오랑캐들이 원망했다. 이들은 '어째서 우리나라를 뒤에 정벌하시는가?'라고 하면서 마치 가뭄에 큰비를 바라듯 탕의 군대가 오기를 소망했다. 탕의 군대가 자신의 나라를 공격하는데도 시장에 들어가는 자는 발길을 멈추지 않았고, 농사꾼들도 동요하지 않았다. 탕이 그들의 임금을 죽

이고 백성들을 위문하자 가뭄 속에 단비를 만난 듯 백성들
이 기뻐했다. 이 일을 두고 《서경》에서는 '우리 임금을 기다
리네. 그는 우리에게 형벌을 주지 않으시겠지'라고 하면서
당시 백성들의 말을 기록하고 있다."

당시 탕의 세력은 하나라에 비해 매우 약했다. 그러나 하나라
에 속한 제후국들은 모두 걸처럼 폭정을 했고, 탕은 인정을 베
풀어 민심을 얻었기 때문에 하나라를 무너트릴 수 있었다는
말이다. 맹자는 지금의 송나라도 탕처럼 민심을 얻으면 주변
강대국을 이길 수 있을 거라고 생각했다. 이어서 맹자는 탕이
세운 은나라를 멸망시키고 주나라를 건국한 무왕의 일을 거
론했다.

"또 《서경》에는 주나라 무왕이 은나라를 칠 때의 일이 수록
되어 있어. '신하로 복종하지 않는 자가 있었기에 무왕은 동
쪽을 정벌하여 선비와 아녀자들을 편안하게 해주니 그들은
검은 비단과 황색 비단을 광주리에 담아 와서 우리 주나라
왕을 섬겨 아름다움을 받아 큰 도읍인 주나라에 복종했다.'
이때 은나라의 군자들은 검은 비단과 황색 비단을 광주리
에 담아 와서 주나라의 군자들을 맞이했고, 소인들은 그릇
에 밥을 담고 병에 물을 담아서 소인들을 맞이했다고 하지.
이런 일이 가능할 수 있었던 건 무왕은 백성들을 물과 불의
가운데에서 구원했고, 잔학했던 자들만을 죽였기 때문이
었지."

결과 마찬가지로 은나라의 마지막 왕 주(紂) 역시 유명한 폭군이었다. 극악한 형벌을 뜻하는 '포락지형(炮烙之刑, 불에 굽거나 지지는 형벌)'의 주인공이 바로 주였다. 주는 바닥에 불을 때고, 그 위에 기름을 칠한 구리기둥을 가로 놓은 다음 죄인들을 기둥 위로 걸어가게 했다. 죄인들은 떨어져서 타 죽을 수밖에 없었는데, 주와 그의 첩 달기(妲己)는 이 광경을 즐겼다고 한다.

여기에서 그치지 않았다. '주지육림(酒池肉林)'도 주가 만들었다고 한다. 주는 달기와 놀기 위해 연못을 파서 술로 채우고, 연못 주위의 나뭇가지에는 고기를 걸어놓고는 뱃놀이를 즐겼다고 한다. 걸이 그랬던 것처럼 주 역시 바른말을 하는 신하를 죽여버렸다. 주에게는 삼촌이면서 현명한 신하였던 비간(比干)이라는 사람이 있었다. 주는 자신을 말리는 비간을 죽이면서 이렇게 말했다고 한다.

"내가 듣기에 성인의 심장에는 일곱 개의 구멍이 있다고 하더군요. 한번 봅시다."

이처럼 걸보다 몇 배는 악독한 사람이 주였다. 이런 주의 은나라를 무너트린 사람은 무왕이었다. 무왕도 주의 신하였지만, 왕의 악행을 보다 못해 은나라를 무너뜨리고 주나라를 세웠다. 주의 폭정이 얼마나 심했는지 800명의 제후가 만나기로 약속도 하지 않았는데 한날한시에 무왕에게 와서 주를 치러 가자고 졸랐다고 전해진다. 탕의 일과 마찬가지로 맹자는 주나라도 약소국이었지만, 민심을 얻었기 때문에 은나라를 무너뜨릴 수 있었다고 생각했다.

> "《서경》의 〈태서(太誓)〉 편에는 '우리의 위엄을 떨쳐 저들의
> 국경을 공격하여 잔학한 자를 잡아 죽이고 정벌한 공(功)이
> 크게 드러났으니, 이것은 탕왕보다 더욱 빛나는 공적이다'
> 라고 하면서 무왕을 칭송했어."

전국시대는 주나라의 힘이 약해졌지만, 명목상으로나마 종주
국의 지위는 갖고 있었다. 맹자는 무왕을 탕보다 더 위대하다
고 한《서경》의 기록을 거론하면서 주나라의 권위를 세워보려
고 했다. 맹자는 이처럼 긴 역사 이야기를 한 뒤에 다음과 같
은 결론을 내렸다.

> "이렇게 보면 왕도정치를 하지 않아서 그렇지 만약 왕도정
> 치를 한다면 천하의 사람들이 모두 머리를 들고 오기를 바
> 라면서 그 사람을 왕으로 모시려고 할 거야. 사실이 이런데
> 제나라와 초나라가 비록 크지만 두려워할 게 뭐 있겠나."

✺ ✺ ✺

사랑과 정의의 탈을 쓴 폭력

맹자 말처럼 제나라·초나라와 같은 강대국을 두려워할 필요
는 없다. 그러나 맹자의 말을 따르면 나라가 망한다. 실제로

송나라는 강대국에 의해 멸망했다. 송나라가 인정을 펼쳤는지는 알 수 없지만, 실제로 인정을 행했다고 해도 망했을 것이다. 송나라는 힘이 없었기 때문이다.

게다가 맹자에게는 현실 인식이라는 게 하나도 없다. 탕이 하나라를 칠 때와, 무왕이 은나라를 칠 때의 상황은 현재 송나라가 처해 있는 상황과는 전혀 다르다. 하나라와 은나라는 전국시대의 강대국처럼 크지도 않았다. 쉽게 말해 맹자는 모든 것이 옛날과는 다른데 옛날처럼 하면 된다고 주장하고 있다는 말이다.

탕과 무왕의 반란이 성공할 수 있는 바탕에 인이 있는 건 사실이긴 하다. 그러나 그것만으로 반란에 성공할 수 없다. 이 반란이 성공하려면 상대가 걸이나 주와 같은 악당이어야 하고, 반란을 일으킬 힘이 있어야 한다. 그런데 제아무리 맹자의 말이 그럴듯하다고 해도 전국시대의 왕들은 그런 정도의 악당이 아니고, 송나라에는 힘도 없다. 이런 되지도 않는 소리를 들으면서 만장은 무슨 생각을 했을지 모르겠다.

더구나 탕이 갈을 쳤던 건 정당화해서는 안 되는 침략 행위에 불과하다. 갈백이 제사를 지내건 말건 그건 그 사람 소관이지, 탕이 이래라저래라 할 문제는 아니다. 그런데도 갈백은 탕의 간섭에 저항을 하지 못하고 변명으로 일관했다. 그러다가 저런 불상사가 일어난 것이다. 갈백은 왜 처음부터 탕에게 맞서지 못했을까? 그건 탕의 힘이 강했기 때문이다. 그러니 탕이 내정간섭을 해도 당할 수밖에 없었다고 봐야 한다.

어린아이가 죽은 건 무척 안 된 일이지만, 이 죽음의 원인을 제공한 사람은 탕이다. 갈백은 탕에게 제사에 쓸 희생이나 곡식을 달라고 하지 않았다. 그런데도 탕은 자기 나라의 백성을 갈에 보내서 농사를 짓게 했다. 갈백의 입장에서는 이런 탕의 행위를 고마워해야 할 이유가 없다. 자기 백성도 아닌 자들이 영토에 들어와서 땅을 차지해 버렸기 때문이다. 어린아이를 죽인 건 침략자들에 대한 저항일 뿐이다. 결국 탕은 갈백이 어린아이를 죽일 수밖에 없도록 만들어두고는 그걸 트집 잡아서 전쟁을 일으킨 침략자일 뿐인 것이다.

지금이야 저런 비현실적이면서 인으로 포장한 침탈 행위를 정당하다고 할 사람은 많지 않을 것으로 짐작한다. 그러나 한편으로 여전히 저런 사고방식을 가지고 살면서도 뭐가 문제인지 모르는 사람들도 많은 것 같다. 자신의 가치관을 남에게 강요하면서 뭘 잘못했는지 모른다는 말이다.

제사를 지내지 않는 사람에게 제사를 지내지 않으면 집안이 망할 거라고 협박하는 사람들, 다른 종교를 지닌 사람에게 자기와 같은 종교를 지니지 않으면 지옥에 떨어질 거라면서 저주하는 사람들, 자기와 다른 생각을 하는 사람을 적으로 규정하고 싸우는 사람들이 바로 이런 사람들이다.

현재의 한국 사회에는 저런 비정상적인 사람들이 너무나 많다. 어디서부터 잘못되었는지 알 수가 없다. 더 절망적인 건 이들 모두 남을 사랑한다고 여기며, 자기 생각이 정의라고 믿고 있다는 사실이다. 아니다. 그건 사랑과 정의의 탈을 쓴 폭력일 뿐이다.

19

내가 전쟁을
부추겼다고는 말하지 마

교활한 양비론

칠 수 있습니다. 자쾌도 남에게 연나라를 줘서는 안 되며, 자지도 자쾌에게 연나라를 받아서는 안 되기 때문입니다. 이곳 제나라에서 벼슬을 하려는 사람이 있다고 가정해 보겠습니다. 당신이 그 사람을 좋아해서 개인적으로 당신의 벼슬을 넘겨주고, 그 사람도 왕명이 없이 받는 것이 될 법한 말입니까? 자쾌가 자지에게 나라를 넘겨준 것과 무엇이 다르겠습니까?

可. 子噲, 不得與人燕, 子之, 不得受燕於子噲, 有仕於此, 而子, 悅之, 不告於王而私與之吾子之祿爵, 夫士也, 亦無王命而私受之於子, 則可乎. 何以異於是.

〈공손추〉 하편 제8장

연가벌여

燕可伐與

"연나라를 칠 수 있을까요?"

맹자가 제나라에 있을 때, 이웃 나라인 연나라는 혼란스러웠다. 연나라의 왕은 자쾌(子噲)였는데 신하인 자지(子之)에게 국정을 맡기고 자신은 물러나서 쾌락에 젖어버렸다. 제나라는 이 틈을 타서 공격할 기회를 엿보고 있었다. 그러던 차에 제나라 대부 심동(沈同)이 맹자를 찾아와서 의견을 물었다.

"연나라를 칠 수 있을까요?"

맹자가 대답했다.

"칠 수 있습니다. 자쾌도 남에게 연나라를 줘서는 안 되며, 자지도 자쾌에게 연나라를 받아서는 안 되기 때문입니다. 이곳 제나라에서 벼슬을 하려는 사람이 있다고 가정해 보겠습니다. 당신이 그 사람을 좋아해서 개인적으로 당신의 벼슬을 넘겨주고, 그 사람도 왕명이 없이 받는 것이 될 법한 말입니까? 자쾌가 자지에게 나라를 넘겨준 것과 무엇이 다르겠습니까?"

춘추전국시대는 각국의 왕을 주나라 왕실에서 임명하는 봉건
제 체제였다. 왕을 교체할 때는 주나라의 승인을 받아야 했다.
그러나 춘추시대에는 주나라의 힘이 강해서 각국의 왕을 통
제할 수 있었지만, 전국시대에는 주나라의 힘을 능가하는 큰
나라가 생기면서 사실상 주나라는 힘을 잃고 말았다. 그럼에
도 불구하고 맹자는 이를 명분으로 삼아 연나라를 정벌할 수
있다고 말했던 것이다. 심동과 맹자는 여기까지 이야기하고
헤어졌다. 이후에 제나라는 연나라를 공격해서 이겼다. 어떤
사람이 맹자에게 물었다.

"제나라에게 연나라를 치라고 권하셨다면서요? 그런 일이
있었습니까?"

맹자가 대답했다.

"아니오. 그런 일 없습니다. 심동이 '연나라를 칠 수 있습니
까?'라고 묻기에 내가 '칠 수 있다'고 했더니 저들이 제 말을
그럴싸하게 여겨서 공격했나 봅니다. 저들이 만약 '누가 공
격할 수 있겠는가?'라고 물었다면 나는 '하늘의 관리라면 칠
수 있다'고 했을 겁니다. 지금 여기에 살인자가 있다고 가정
해 봅시다. 어떤 사람이 '저 살인자를 죽일 수 있겠습니까?'
라고 묻는다면 나는 '죽일 수 있다'고 대답할 것입니다. 그

런데 만약 '누가 저 사람을 죽일 수 있겠습니까?'라고 묻는
다면 '사사라면 죽일 수 있다'고 말할 겁니다. 지금은 연나라
같은 나라가 연나라를 치겠다고 나서는 격인데 제가 무엇
때문에 권했겠습니까?"

맹자의 말을 정리해 보면 이렇다. 연나라는 잘못을 저질렀으
니 칠 수 있지만, 연나라와 같은 서열에 속해 있는 제나라는
칠 자격이 없다는 것이다. 연나라를 칠 수 있는 자격은 '하늘
의 관리'라고 표현한 주나라의 왕실에 있다. 현재 사실상 주나
라에 실권은 없지만, 주나라의 왕실은 엄연히 존재하고 있었
으므로 맹자의 말을 틀렸다고 할 수는 없다.
　　그런데 사마천이 쓴 《사기》의 〈연세가(燕世家)〉에서는 맹자
가 이렇게 말하고 있다.

　　"지금 연나라를 공격하는 것은 나라 문왕과 무왕이 은나라
　　를 칠 때와 같습니다. 이 기회를 잃을 순 없지요."

적극적으로 치라고 권유한다. 《사기》와 《맹자》의 내용 중 어느
것을 믿어야 할까? 이 대목을 두고 주희는 이렇게 주석을 냈다.

　　"《사기》에도 맹자가 제나라에게 연나라를 정벌하도록 권하
　　였다고 했는데 아마 위의 이야기가 잘못 전해졌을 것이다."

《사기》의 기록을 믿을 수 없다는 말이다. 지금의 시각으로는

별것 아닌 듯한데 맹자나 주희의 입장에서는 극구 권하지 않
았다고 강변할 수밖에 없다. 주나라의 절대적인 권위를 인정
하는 맹자 사상의 근간을 흔들 수 있는 일이라서 그렇다. 동시
에 제나라 사람들은 마치 맹자가 연나라를 치도록 은근히 꼬
드긴 걸로 알고 있으니 이에 대한 오해도 풀어야 했다.

　아울러 맹자를 편집한 사람들은 본문의 서두에 '심동, 이
기사문왈(沈同, 以其私問曰)'이라고 썼는데, '사(私)'는 '사사로이',
'개인적으로'라는 뜻이다. 사적인 질문에 대답했을 뿐이므로,
제나라가 연나라를 공격한 일과 맹자는 관련이 없다는 입장
을 내세우면서 오해와 비난에서 벗어나려고 했던 것으로 보
인다.

맹자는 교활하고 비겁했다

사적인 질문이건 아니건 심동은 제나라 사람이다. "연나라를
칠 수 있느냐?"라는 질문에는 '제나라가 연나라를 쳐도 되느
냐'는 뜻이 담겨 있다고 봐야 한다. 그렇지 않다면 굳이 물어
볼 이유가 없다. 그런데 맹자는 '쳐도 된다'고 하는 데서 그치
지 않고 그래도 되는 이유까지 설명해 주었다. 이러면 듣는 사
람은 맹자가 권한다고까지 보지는 않는다 하더라도 '이 사람
은 연나라를 쳐야 한다고 생각하는구나' 하고 여기게 된다. 그
러나 어떤 사람의 질문을 보면 심동이 사람들에게 "맹자가 제

나라를 치라고 권하더라”라고 했을 가능성이 있다.

그렇게 말했다고 하더라도 심동에게는 잘못이 없다. 자신이 묻는 말에 이유까지 대면서 말해주었으니 권한 것과 다름없다고 생각했을 수도 있는 것이다. 맹자로서는 권했다는 오해를 받아 불쾌하긴 했겠지만, 오해받지 않으려면 처음부터 자기 생각을 모두 밝혀야 했다. 맹자는 연나라와 제나라의 상황을 모두 알고 있었다. 전운이 감돌고 있다는 걸 알았다는 말이다. 그렇다면 “연나라를 칠 수는 있지만, 제나라는 그럴 자격이 없다”라고 말하면서 전쟁을 뜯어말렸어야 하는 것이다.

맹자는 이미 하려는 의도를 지니고 “해도 되냐?”라고 묻는 사람에게 “해도 된다”라며 단순하게 대답하고, 그 말이 문제가 되자 ‘누가 할 수 있냐고 물어보지는 않았잖아’라고 말하고는, 상대적으로 정치적인 문제가 없는 제나라를 연나라와 똑같은 놈으로 취급했다. 상황을 다 알면서도 모른 척 시치미를 떼며 자기 할 말만 하고, 오로지 자신의 정의만 옳다고 믿으며 양비론을 펼친 것이다. 맹자의 한마디 말 때문에 연나라가 공격받은 것도 아니고, 맹자에게 책임이 있지도 않지만, 그래도 자신의 말 한마디에 작은 영향력이나마 있다는 사실을 알았다면 이처럼 교활하고 비겁한 모습을 보여서는 안 된다.

특히 마지막 부분의 ‘연나라와 똑같이 나쁜 제나라가 연나라를 친다’고 한 데에서는 오늘날의 한국인들이 “똑같은 놈들끼리 싸운다”라며 짜증을 내는 모습이 겹쳐 보인다. 이들은 나만의 기준으로 세상의 정의를 가늠하면서 상대에게 일방적으로 자기 생각을 주장한다. 세상은 하루가 다르게 변하고 있는데, 몇백 년이 지나 통용되지 않는 법을 적용해야 한다고 외쳤던 맹자처럼 이들은 자신이 살았던 시절에나 통하던 가치관을 주입하려 애쓴다.

이런 태도를 본받을 수 없고, 그래서도 안 된다. 여전히 한국 사회에는 이런 사람들이 많다. 한국 사회에 갈등이 많은 건 맹자처럼 변화의 흐름을 거부하고 고집을 피우면서, 자신이 마치 대단한 소신이라도 있는 양 행세하면서, 사회가 잘못된 방향으로 가고 있다며 한탄을 하는 사람이 많기 때문이다. 모든 잘못을 맹자, 맹자와 같은 유학자에게 돌릴 수는 없다. 그러나 잘못의 바탕에 유학자의 영향이 적다고 할 수도 없다. 저런 태도를 누구한테 배웠겠는가.

20

국민 뒤에 숨어서
다수의 의견으로 책임을 피하다

가까운 신하들이나 대부들이 모두 어떤 사람을 '죽여야 한다'고 해도 듣지 마시고, 나라 사람들이 모두 '죽여야 한다'고 하면 그 사람을 살펴서 죽을죄를 밝힌 뒤에 죽이십시오. 이런 걸 두고 '나라 사람들이 죽였다'고 하는 겁니다.

左右皆曰, 可殺, 勿聽, 諸大夫皆曰, 可殺, 勿聽, 國人皆曰, 可殺, 然後, 察之, 見可殺焉然後, 殺之. 故曰, 國人, 殺之也.

〈양혜왕〉 하편 제7장

국인살지

國人殺之

"나라 사람들이 죽였다."

맹자는 제나라에서 짧은 시간 동안 벼슬을 했다. 이 관직 생활이 그의 처음이자 마지막이 되었다. 그래서인지 《맹자》를 보면 제나라에서 있었던 크고 작은 일화가 꽤 많은 부분을 차지하고 있다. 어느 날 맹자는 제선왕(齊宣王)과 인재 등용에 대한 이야기를 나누게 되었다. 맹자가 먼저 말을 꺼냈다.

"이른바 '유서 깊은 나라'는 '오래된 큰 나무'가 있는 걸 두고 말한 게 아닙니다. '대를 이어 벼슬을 하는 신하'가 있는 걸 뜻하는데 왕에게는 가까이하는 신하도 없는 것 같습니다. 저번에 등용한 사람이 오늘 도망간 일도 모르십니다."

제나라는 역사가 긴 나라였다. 그렇다면 역대로 왕을 모셔온 유서 깊은 집안이 있는 게 당연한데 지금 제선왕의 곁에는 오랫동안 왕을 도운 사람도 없을뿐더러 당장 친하게 지내는 사람도 없다. 게다가 벼슬아치들의 교체 기간이 빠르다 보니 왕이 신하들의 움직임조차 파악하지 못하고 있다. 맹자가 더 깊이 이야기하고 있지는 않지만, 맹자는 왕이 임의로 판단해서 관리를 임용하고 파면하다 보니 이런 일이 생긴 거라고 생각했다. 제선왕 역시 이런 맹자의 의도를 눈치챘다.

> "내가 어떻게 하면 그런 사람들이 등용되기 전에 재능이 없다는 걸 알아보고 버릴 수 있을까요?"

맹자가 대답했다.

> "군주가 현명한 사람을 등용할 때는 어쩔 수 없이 하는 것처럼 신중을 기해야 합니다. 지위가 낮은 사람이 높은 사람을 뛰어넘고, 소원한 사람이 친한 사람을 뛰어넘게 할 수도 있는 일이니 신중해야 하지 않을까요?"

낮은 지위에 있던 사람을 승진시키거나 친하지 않았던 사람을 등용하게 되면 이전에 친했던 사람은 섭섭한 마음을 갖게 되고, 승진하지 못한 사람은 원망을 하게 된다. 유능한 인재를 써야 할 군주로서는 이런 문제를 해결해야 한다. 최대한 잡음이 나지 않게 해야 하니 신중할 수밖에 없다. 맹자는 이어서 신중함의 구체적인 내용을 제시했다.

> "가까운 신하들이나 여러 대부가 모두 어떤 사람을 '현명하다'고 하더라도 등용하지 마시고, 나라 사람들이 모두 '현명하다'고 한다면 그 사람을 관찰해서 현명한 점을 본 뒤에 등

용하십시오. 가까운 신하들이나 여러 대부들이 모두 어떤 사람을 '등용할 수 없다'고 하더라도 듣지 마시고, 나라 사람들이 모두 '등용할 수 없다'고 한다면 그 사람을 관찰해서 단점을 본 뒤에 버리십시오. 가까운 신하들이나 대부들이 모두 어떤 사람을 '죽여야 한다'고 해도 듣지 마시고, 나라 사람들이 모두 '죽여야 한다'고 하면 그 사람을 살펴서 죽을 죄를 밝힌 뒤에 죽이십시오. 이런 걸 두고 '나라 사람들이 죽였다'고 하는 겁니다."

인재를 뽑거나 해고하는 걸 넘어 죽이는 일까지 거론하고 있다. 이 말에서 주목할 점은 이 일련의 일을 결정할 때 주변인의 의견보다는 '나라 사람'이라고 표현한 이들의 말을 따르라고 한 대목이다. '나라 사람'의 범위가 어디까지인지 알 수는 없다. 나랏일에 의견을 낼 수 있는 선비 계층까지일 수도 있고, 지배를 받는 백성까지일 수도 있겠다. 지금으로 말하면 여론이라 할 수 있겠는데, 어쨌든 왕은 많은 사람의 의견을 충분히 듣고, 직접 확인까지 하는 절차를 거쳐서 결정해야 한다는 말이다.

지금 봐선 당연한 소리인 것 같은데, 이 시대에는 왕이나 왕의 주변 사람이 멋대로 사람을 쓰거나 버리는 경우가 많았다. 지금 맹자의 말을 듣고 있는 제선왕도 그들과 다르지 않다. 쉽게 쓰고 버렸기 때문에 맹자한테 한 소리를 들은 것이다. 맹자는 이즈음에서 그치지 않고 한 마디를 더해서 쐐기를 박아버렸다.

"이처럼 하신 뒤에야 백성의 부모가 될 수 있습니다."

제선왕은 아직 훌륭한 왕이라고 할 수 없다는 말이다.

✹ ✺ ✹

하나 마나 한 소리

맹자와 제선왕의 대화는 '다수의 의견을 수렴할 필요'에 초점을 두고 있다고 할 수 있다. 그럼 왜 다수의 의견을 수렴해야 할까? 맹자를 대신하여 주희는 이렇게 말하고 있다.

"좌우(左右)는 가까운 신하이니 그 말을 곧이곧대로 믿을 수 없다. 여러 대부의 말은 믿을 만하긴 하지만 그들의 사사로운 욕망이 왕의 마음을 가릴 수도 있다. 나라 사람으로 갈하자면, 그들의 의견이 공정하겠지만 그래도 살펴야 한다. 왜냐하면 세상에 영합해서 인기를 끌려는 사람도 있을 수 있고, 미움받는 사람들도 있을 것이기 때문이다. 그러므로 왕이 자질을 직접 확인한 뒤에 등용하거나 버린다면, 현명한 사람은 중요한 직책을 맡게 되고, 재주가 없는 사람들은 요행으로 등용될 수 없을 것이다. '현명한 사람을 등용할 때는 어쩔 수 없이 하는 것처럼 한다'는 건 이처럼 하는 것을 뜻한다."

주희가 말하고자 하는 내용은 이렇다. 가까운 신하들은 왕에게 잘 보이려 들기 때문에 왕의 심기를 거스르지 않으려고 한다. 그러니 이런 사람한테서 나오는 말을 모두 믿을 수 없다. 신하들 역시 자기 맘대로 일을 처리할 가능성이 있으므로 전부 믿을 수 없다. 나라 사람들은 대체로 공정하긴 하지만, 이들 중에 재능은 없으면서 인기를 얻어 한 자리를 차지해 보려는 마음을 지닌 사람도 있을 것이고, 재능이 있기는 한데 이런저런 이유로 인기를 끌지 못하거나 미움받는 사람도 있을 것이다. 이렇게 되면 현명한 사람이 묻혀버리게 되니 왕이 신중하게 살펴야 하는 것이다.

맹자의 말과 이에 대한 주희의 설명은 의도가 좋으며 일리도 있다고 하겠다. 전제군주 시대에 나라 사람을 염두에 두고 있다는 점 하나로도 충분히 가치를 인정할 만하다. 그럼에도 불구하고 둘의 말에는 한계가 있다. 나라 사람들까지 의견을 내더라도 결정은 왕 혼자서 한다. 이들이 모두 옳다고 했더라도 왕이 옳지 않다고 판단하면 그것으로 끝이라는 말이다. 맹자의 말을 살펴보면 그렇다.

주자의 주석은 이를 확인시켜 준다. 사람들의 의견이 이런저런 이유로 틀릴 수가 있으니 왕이 끝까지 잘 살펴야 한다는 취지의 말을 하고 있다. 어차피 왕이 결정하고 잘 살필 것인데 나라 사람들의 의견까지 들어볼 필요가 있을까? 이런 거추장스러운 짓을 무엇 때문에 하지? 그나마 이건 의사 결정을 신중하게 해야 한다는 뜻 정도로 이해하고 넘어갈 수 있다.

문제는 "나라 사람들이 죽였다"라고 한 대목에 있다. 나라 사람에게는 결정권이 없으므로 저렇게 말해선 안 된다. 반대로 나라 사람들이 '죽이라'고 했는데 왕이 살펴보고 죽을죄가 아니면 살려 주는 경우도 있을 것이다. 이럴 때는 뭐라고 해야 할 것인가? 나라 사람들과 왕의 의견이 일치하지 않으면 어떻게 할 것이냐는 말이다. 답은 정해져 있다. 왕의 결정에 따라야 한다. 나라 사람들의 의견을 듣는 것처럼 보이지만, 결국 결정은 왕이 하는 것이다. 그러니 "왕이 죽였다"라고 해야 하는 것이다.

맹자와 주희의 말은 그럴듯하지만, 알맹이가 없는 하나 마나 한 소리다. 잘해도 왕이 잘한 것이고, 못해도 왕이 못한 것이다. 나의 이런 생각을 두고 "위정자는 그만큼 나라 사람을 염두에 두고 신중하게 일을 해야 한다는 좋은 의도로 말한 건데, 이렇게까지 비판해야 하겠냐"라고 할 수도 있겠다. 실현할 방법과 환경도 없는 상황에서 내뱉은 허황된 소리어 동의할 이유가 없다. 게다가 저 말을 따르면 맹자의 의도에 상관없이 나라 사람에게 책임을 전가하는 결과를 얻게 된다. 왕의 뜻대로 사람을 죽여 놓고 '나라 사람이 죽였다'고 하더라도 반박할 방법이 없다는 말이다.

정치 혐오가 국민의 뜻일 수도 있다

맹자가 말한 '나라 사람'의 범위가 '선비 계층'에 국한된 것인지, 피지배 계층인 '백성'까지인지 알 수 없는 것처럼 현재의 정치인이 생각하는 '국민'의 범위도 어디까지인지 알 수 없다.

인재 한 명을 쓰는 작은 일부터 정치의 방향을 결정하는 큰일에 이르기까지 의견 수렴의 범위가 분명하지 않다는 것이다.

이것도 문제지만, 더 큰 문제는 결국 모든 일의 결정권이 이른바 '리더', '지도자'라고 불리는 사람들이나 소수의 정치인에게 집중되어 있다는 점이다. 이들은 옛날의 왕처럼 멋대로 할 수 없는 시대에 살고 있으므로 국민의 눈치를 보기는 하지만, 결국엔 '나의 소신'을 '국민의 뜻'으로 둔갑시키고, 여론의 방향을 좌우하면서 멋대로 하려고 한다.

정치인들은 무슨 일을 벌이든 "국민의 뜻을 받들었다"라고 한다. 이들의 주장 속에는 정말로 국민 다수가 원하는 내용이 가끔 있긴 하지만, 정치인이나 특정 집단의 이익과 관련이 있는 일인 경우도 많다. 국민의 의견을 묻는다면서 특정 사안을 두고 여론조사를 한다. 이때 여론조사의 결과가 원하는 대로 나오지 않으면 "여론에 휘둘리면 안 된다"라면서 기어이 자신의 고집대로 밀어붙이며, 원하는 대로 나오면 "국민의 뜻에 따르겠다"라고 한다. 이래 놓고 실패를 하면 "국민의 뜻에 따랐는데 실패했다"라고 하면서 은근히 책임을 전가한다. 옛날의 왕이나 현대의 독재자는 대놓고 멋대로 했고, 현재 한국의 지도자들은 교묘하게 멋대로 한다.

이러다 보니 "나도 국민의 한 사람인데 나는 원하지 않는다. 국민의 뜻은 어디에 있나?"라고 하거나 "이런 일이 있는 줄도 몰랐다. 나는 어느 나라 국민인가?"라고 하는 사람들이 많아졌다. 이런 생각이 쌓여 현재 한국 사회에 이른바 '정치 혐오'가 퍼져 있는 것이다. 이런 정치 혐오야말로 국민의 뜻일 수도 있다.

제선왕과 직하의 학자들

제선왕은 BC 319~301년까지 왕위에 있었으며, 《사기》의 기록에 따르면 문학으로 유세하는 선비를 좋아했다고 한다. 그는 수도인 임치의 직(稷)이라는 곳에 저택을 지어놓고, 여러 나라에서 인재를 모아들였다. 추연(騶衍), 순우곤(淳于髡), 전병(田騈), 신도(愼到)를 비롯한 76명의 선비에게 집을 주고 상대부에 임명했다. 그러나 이들은 직접 정치에 참여하지는 않았고 학문적인 토론만을 했다. 이들을 '직하의 학자들'이라 하는데 이후에는 이곳 직하에 천여 명의 선비가 모여들었다고 한다. 맹자도 여기에서 정치 고문 역할을 맡아 잠시 머문 적이 있었다.

제선왕을 깨우쳐 준 왕두

전국시대 유세객(遊說客)들의 이야기를 모은《전국책(戰國策)》에는 선왕과 관련된 일화가 수록되어 있다. 선왕이 다스리던 시절의 제나라는 전국의 여러 나라 중에 두각을 나타냈다. 그만큼 선왕은 정치력이 있었고, 그의 아래에는 현명한 사람들이 많았다.

어느 날 왕두(王斗)라는 사람이 성문에 와서 제선왕을 만

8   金荃園 編著, 《전국책(戰國策)》, 명문당, 1991.

나려고 했다. 선왕은 직접 마중을 나가지 않고 하인을 시켜 데리고 오게 했다. 왕두가 말했다.

"제가 나아가서 왕을 뵙게 되면 그 사람은 권력에 약하다는 소리를 듣게 됩니다. 그렇지만, 왕께서 나오셔서 저를 맞아주시면 그 임금은 인재를 좋아하신다는 말을 듣게 될 것입니다. 왕께서는 어떻게 하시겠습니까?"

하인은 그 말을 선왕에게 전하자 왕이 직접 나와서 문 안으로 맞아들였다. 선왕이 말했다.

"나는 선군의 종묘를 지키며 한 나라의 정치를 맡고 있습니다. 선생은 누구에게나 직언을 하는 분이라 들었습니다."
"그것은 잘못 들으신 말씀입니다. 저는 어지러운 세상에 태어났고, 게다가 어지러운 군주를 섬기는 처지인데 어떻게 함부로 바른말을 하겠습니까?"

이 말을 들은 선왕은 기분이 매우 나빴다. 잠깐 사이를 두었다가 왕두가 말했다.

"선조이신 환공(桓公)께서는 다섯 가지의 좋아하는 것이 있었습니다. 그로 인해 제후를 복종시키고 천하를 호령하였으며, 천자로부터 인수(印綬)를 받으셔서 패자(覇者)가 되셨습니다. 지금 왕께서는 그중 네 가지를 좋아하는 것 같습니다."

패권을 잡았던 환공과 자신을 비슷하다고 말해주자 선왕은
이내 기뻐했다.

"나는 제나라를 다스리고 있는데 국위가 실추되는 것만
을 두려워하고 있습니다. 그런 내가 네 가지나 환공을 닮
았다고 하시니 과찬이십이다."
"아닙니다. 환공은 말을 좋아하셨는데 왕께서도 말을 좋
아하십니다. 환공은 개도 좋아하셨는데 왕께서도 개를
좋아하십니다. 환공은 술을 즐겼는데 왕께서도 술을 즐
기십니다. 환공은 여자를 좋아했는데 왕께서도 여자를
좋아하십니다. 끝으로 환공은 인재를 좋아했는데 왕께서
는 인재만은 좋아하지 않으십니다."
"지금 이 시대엔 인재가 없습니다. 좋아하려 해도 좋아할
수가 없지 않습니까."
"지금 이 세상엔 기린(麒麟)과 녹이(騄耳)와 같은 말이 없
는데도 왕께서는 명마(名馬)를 구하셨습니다. 동곽준(東
郭俊)이라는 짐승을 쫓았던 노씨(盧氏)와 같은 개가 없는
데도 사냥개를 기르고 계십니다. 모장(毛嬙)과 서시(西施)
같은 미인은 없지만 왕의 후궁에는 여인들이 가득 차 있
습니다. 왕께서는 인재를 좋아하시지 않아서 찾지 않았
을 뿐입니다. 어찌 인재가 없음을 근심하십니까?"
"나는 나라를 걱정하고 백성을 사랑합니다. 인재를 구해
서 훌륭한 정치를 하고 싶다는 것이 평소의 바람이었습

니다.”

“왕께서 나라를 걱정하고 백성을 사랑하는 마음은 한 자
의 비단을 사랑하는 것에도 미치지 못하는 것 같습니다.”

“그건 또 무슨 말씀입니까.”

“왕께서 모자를 만들려 하실 때엔 총애하는 신하에게 시
키지 않고 전문 장인에게 시키는데 어째서 그러시겠습니
까? 장인이 그 일에 능하기 때문입니다. 그런데 왕께서는
지금 나라를 다스린다고 하시면서 아첨하는 사람만 등용
하고 계십니다. 이런 까닭에 백성보다 비단을 더 사랑하
고 계신다는 말을 드렸습니다.”

이 말을 들은 선왕은 왕두에게 사례하며 말했다.

“저의 잘못이 큽니다.”

이후 선왕은 다섯 명의 선비를 등용해서 관직에 임명했다.
결국 제나라는 잘 다스려졌다.

---

9 金荃園 編著,《전국책(戰國策)》, 명문당, 1991. 번역문을 편의상 필자의 임의대로
변경해서 수록하였다.

맹자와 《맹자》

명확하지 않은 맹자의 생애

맹자(孟子, BC 372~298)는 공자(孔子)의 사후 백여 년 뒤 노(魯)나라 근처의 추읍(鄒邑)에서 태어났다. 이름은 가(軻)이며, 자(字)는 알려지지 않았다. 맹자의 자에 대한 최초의 기록은 한대(漢代)에 성립된 《공총자(孔叢子)》인데, 이 책에서는 '자거(子居)'라 했다. 전현(傳玄)이라는 사람은 '자여(子輿)' 또는 '자거(子車)'라 했다. 그러나 이들 이전의 사마천(司馬遷)이나 반고(班固), 최초의 맹자 주석가인 조기(趙岐) 등은 맹자의 자를 밝히지 않았으므로 후대의 설을 믿을 수 없다고 보기도 한다.[1] 생몰년 역시 확실하지 않다고 할 수 있는데 위에 제시한 연대는 정복심(程復心)의 《맹자연보(孟子年譜)》[2]와 적자기(狄子奇)의 《孟子編年(맹자편년)》[3]의 기록을 따른 것이다.

---

1 굴만리 저, 《고적도독》, 대만개명서점.
2 戶川芳郎·蜂屋邦夫·溝口雄三, 조성을·이동철 옮김, 《유교사》, 이론과 실천, 1990.
3 성백효 역주, 《맹자집주》, 전통문화연구회, 1991.

맹자의 생애는 사마천의 《사기(史記)》의 〈맹가순경열전(孟軻荀卿列傳)〉에 수록되어 있다. 맹자의 생애에 대한 최초의 기록이라 할 수 있는데 공자에 버금가는 위인으로 존경받는 사람에 대한 기록치고는 소략하다. 사마천이 《사기》를 저술했던 한나라 초기까지만 해도 지금과 같은 위치를 차지하지는 못했기 때문이다. 열전에는 맹자의 고향이 추읍이었다는 것, 공자의 손자인 자사(子思)의 제자에게 유학을 배운 일, 위나라와 제나라를 비롯한 여러 나라를 돌아다니면서 유세했던 이력, 끝내는 등용되지 못하고 고향으로 돌아온 뒤 제자들과 《맹자》를 편찬한 일이 기록되어 있다.

한(漢)나라의 유향(劉向)이 지은 《열녀전(烈女傳)》에는 '맹모삼천(孟母三遷)'의 고사가 전해지고 있다. 어린 맹자의 교육을 위해 세 번이나 집을 이사했던 어머니 이야기로 널리 알려져 있다. 그러나 '맹모삼천'은 위인의 이야기에 따라붙는 설화의 성격을 띠고 있으므로 이를 역사적인 사실로 받아들여서는 안 된다.

《사기》에서는 맹자가 공자의 손자인 자사의 제자에게 유학을 배웠다고 했는데, 《열녀전》, 《한서(漢書)》 〈예문지(藝文志)〉, 《풍속통(風俗通)》 등에는 모두 자사에게 직접 배웠다고 하였다. 현재에는 공자와 자사의 생몰년과 맹자가 태어났던 해를 비교해 본 결과 《사기》의 기록을 사실로 받아들이고 있다.

맹자가 활동하던 시기는 전국시대의 중기였다. 작은 나라는 망해갔고, 세력이 큰 7개의 나라가 전쟁을 통해 패권을 다

투었다. 이런 전란 속에서 맹자는 인(仁)을 중심으로 한 공자의 유가사상(儒家思想)을 계승하고 전파하기 위해 각국의 왕을 찾아다녔다. 맹자는 일평생 위(魏)·제(齊)·송(宋)·추(鄒)·등(滕)나라의 왕을 만났다. 53세에 위나라의 혜왕(惠王)을 만나 유세했지만, 이듬해 혜왕이 죽었고, 아들인 양왕(襄王)은 맹자를 우대하지 않았다.

55세일 때 제나라로 가서 선왕(宣王)의 객경(客卿, 실무를 맡지 않고 자문 역할을 하는 벼슬)이 되었다. 선왕은 수도인 임치(臨淄)의 서쪽 직문(稷門)이라는 곳에 학당을 짓고 인재를 모았는데, 맹자는 이곳에서 여러 사상가와 교류했다. 이때 제나라는 연나라를 공격해서 거의 모든 지역을 점령했다. 맹자는 선왕에게 철병을 요구했지만, 세력 확장을 꾀했던 선왕은 이를 거절하면서 둘 사이에 틈이 생겼다. 결국 맹자는 제나라를 떠나게 됐다.

59세에는 송나라에 갔고, 62세에는 설(薛)나라와 노나라에 갔지만, 벼슬을 얻지 못하고 고향으로 돌아왔다. 이후 맹자는 제자들과 함께 《맹자》를 편찬하는 작업을 했고, 84세에 세상을 떠났다. 맹자가 죽기 전까지 22년간의 행적은 알 수가 없다. 근대의 중국학자 전목(錢穆)은 맹자가 위혜왕을 만났을 때의 나이가 약 70세였고, 제선왕을 만난 것은 80세 전후였다고 주장했다.[4]

살펴보았듯 맹자의 생애는 《사기》에 수록되어 있지만, 매

---

4 굴만리 저, 《고적도독》, 대만개명서점.

우 소략했다. 이런 까닭으로 세월이 흐르면서 이런저런 설들
이 일어났을 것이다. 누구의 설이 옳다고 단정할 수 없다.

지은이가 밝혀지지 않은 《맹자》

《맹자》에 대해서는 《사기》에 짧게 기록되어 있다.

> "은퇴해서는 제자였던 만장(萬章)의 무리와 함께 《시경(詩
> 經)》, 《서경(書經)》을 차례에 따라 서술하여 중니(仲尼, 공자
> 의 자)의 뜻을 계술(繼述, 계승하여 서술)하고 《맹자》 7편을
> 지었다."[5]

한대(漢代)의 학자들은 이 기록을 사실로 받아들였다. 대표적
으로 《맹자》에 최초로 주석을 낸 한나라의 유학자 조기(趙岐)
는 《맹자제사(孟子題辭)》에서 이렇게 말했다.

> "은퇴해서 고제자(高弟子)였던 공손추(公孫丑)·만장(萬章)과
> 함께 어려운 문답을 나눴고, 법도에 관한 말을 스스로 서술
> 해서 7편을 지었다."[6]

《맹자》는 맹자 스스로 지었다는 것이다. 그러나 이 주장은 당

---

5   司馬遷, 南晩星 譯, 《史記》, 〈孟軻荀卿列傳〉.
6   차주환, 〈맹자에 대하여〉라는 글을 참고하였다.

(唐)나라 시대로 접어들면서 여러 학자에 의해 의심받게 된다. 대표적으로 유명한 문장가 한유(韓愈)는 이렇게 말했다.

> "맹가의 책은 스스로 지은 것이 아니다. 그가 죽은 후에 제
> 자인 공손추(公孫丑)와 만장 등이 스승의 말을 기억해서 썼
> 을 뿐이다."[7]

반면 송(宋)의 주희는 한유와는 다른 주장을 했다.

> "전편을 숙독해 보면 필세가 꼭 한 사람 손에서 나온 것처럼
> 느껴지므로 여러 사람이 편집할 수는 없다."[8]

이후 원(元)과 명(明)나라와 청(淸)나라의 학자들도 주희의 설을 따라 맹자가 《맹자》를 썼다고 했다. 그런데 《맹자》에는 맹자를 삼인칭으로 서술한 문장이 꽤 있고, 맹자 스스로 자신을 높여 '맹자(孟子, 맹 선생님)'라고 하고 있으며, 자기 제자에게도 '자(子)'라는 존칭을 쓰고 있다. 남이라면 모를까 자신이 이렇게 쓸 수는 없지 않을까? 이렇게 보면 한유의 주장이 옳다고 볼 수도 있다. 두 주장 모두에 일리가 있으므로 참고하는 선에서 그칠까 한다.

《맹자》는 〈양혜왕(梁惠王)〉, 〈공손추(公孫丑)〉, 〈등문공(滕文

---

7   굴만리 저, 《고적도독》, 대만개명서점.
8   굴만리 저, 《고적도독》, 대만개명서점.

公)〉, 〈이루(離婁)〉, 〈만장(萬章)〉, 〈고자(告子)〉, 〈진심(盡心)〉이라
는 7편으로 구성되어 있다. 각 편의 제목은 해당 단원의 첫머
리에 등장하는 단어를 따서 지었다. 예를 들어 〈양혜왕〉 편의
첫 문장은 "맹자현양혜왕(孟子見梁惠王)"으로 시작되는데 여기
에서 주어인 맹자와 서술어인 현(見)을 뺀 나머지인 '양혜왕'
으로 제목을 삼았다는 말이다. 이래서 제목이 지니는 특별한
의미는 없다. 원래는 7편이었는데 조기가 맹자의 주석서를
내면서 각 편을 상편과 하편으로 나눈 이후부터 현재까지 14
편의 맹자가 읽히고 있다.

　《맹자》의 주석서로는 한나라 조기의 《맹자장구(孟子章句)》,
송나라 주희의 《맹자집주(孟子集註)》, 청나라 초순의 《맹자정
의(孟子正義)》가 널리 알려져 있다. 이 중 조기의 주석이 사실
상 최초의 것으로 인정되므로 가장 권위 있는 주석으로 여겨
져 왔다. 주희의 주석은 조기의 주석을 토대로 이후 여러 학
자의 설을 폭넓게 수용하고 있으므로 역시 참고할 만한 좋은
주석이라 할 수 있다. 현재 한국에서는 주희의 주석을 가장
높이고 있다. 초순의 주석서는 역시 조기의 주석을 토대로 하
여 청나라 시대의 학풍이었던 고증학(考證學)을 통해 해석을
시도했다.

맹자의 왕도정치와 성선설

맹자 사상은 왕도정치(王道政治)와 성선설(性善說)이 핵심이라
할 수 있다. 왕도(王道)는 무력으로 타국과 자국의 민중을 압박

하는 패도(覇道)에 상대가 되는 정치사상이다. 전국시대에는 각국이 패권을 잡기 위해 전쟁 준비에 치중했기 때문에 백성의 삶은 피폐했다. 《맹자》의 앞부분에는 패도를 추구했던 나라의 실상이 잘 기록되어 있다. 나라의 창고에는 곡식이 가득하고 마구간은 가축들로 가득 메워져 있는데 백성의 살림은 가난해서 움직일 힘이 있는 사람들은 살기 위해 사방으로 흩어져 버렸고, 남은 백성은 굶어 죽거나 얼어 죽는다고 했다. 현실이 이럼에도 군주들은 백성을 보살필 생각은 않고 전쟁에만 몰두하고 있었다.

맹자는 이런 상황을 극복하기 위해 각 나라의 왕을 만날 때마다 왕도정치를 하라고 설득했다. 맹자의 왕도정치는 전쟁을 중단하고 백성이 기본적인 삶을 영위할 수 있도록 농사철에는 병력으로 동원하지 말고, 세금을 적게 거두며, 일정한 직업을 줘야 한다는 내용으로 이루어져 있다. 맹자는 옛날 주(周)나라의 정전법(井田法)을 실시해서 토지를 균등하게 배분하고, 세율은 10%로 제한하며, 형벌을 가혹하게 집행하지 않음으로써 백성을 아껴야 하며, 이것이 왕도정치의 시작이라고 주장했다.

만약 그렇지 않으면 백성은 군주를 원망해서 봉기할 것이며, 나라는 그들을 이끄는 후덕한 사람에 의해 망할 거라고 경고했다. 이것을 역성혁명(易姓革命)이라 하는데 말 그대로 한 왕조의 성이 다른 성으로 바뀌게 되는 것을 의미한다. 이처럼 맹자는 군주가 인정을 베풀지 않으면 체제가 전복될 것이므로 전쟁을 일으켜 백성을 괴롭히지 말고, 백성을 먹고살게 해주면서 예의를 가르쳐야 한다고 주장했다. 이렇게 한다면 학정으로 고통받는 타국의 백성이 자신들을 해방시켜 달라고 강력하게 희망하게 될 것인데, 이때 군대를 동원해서 전쟁을 일으킨다면 반드시 승리하리라 확신했다.

맹자의 생존 당시에는 사람의 본성에 대한 세 가지의 설이 있었다. 고자는 사람의 본성을 선이나 악으로 단정할 수 없다고 하는 '성무기설(性無記說)'을 주장했다. 이름이 밝혀지지 않은 어떤 사람은 본성에는 선도 없고 악도 없다고 했다. 맹자는 사람의 본성은 선하다는 '성선설(性善說)'을 주장했다.

맹자는 고자의 '성무기설'을 극렬하게 비판했다. 둘의 논쟁은 《맹자》의 〈고자〉 편에 상세하게 기록되어 있다. 고자는 사람의 본성은 단정할 수 없지만, 환경에 따라 선악이 구분된다고 주장했다. 고자는 이를 고여 있는 물이 사람이 터놓는 방향으로 흘러가는 것에 비유했다. 이에 대해 맹자는 터놓은 대로 가는 것은 주위의 힘이 작용한 것이므로 물의 본성이라 할 수 없다고 반박하면서, 위에서 아래로 흐르는 것이 물의 본성이라고 주장했다. 이를 논리를 내세워 사람의 본성은 선하며, 악해지는 건 주변 환경 때문일 뿐이라고 일축했다.

맹자는 사람의 본성이 원래 선하다는 근거로 어떤 사람이든 어린아이가 물에 빠지려는 걸 보면 그 아이를 불쌍하게 여기는 마음이 일어난다고 했다. 이처럼 사람을 측은하게 여기는 인(仁), 부끄러움을 아는 의(義), 사양할 줄 아는 예(禮), 옳고 그름을 가리는 지(智)의 마음은 누구나 갖고 있는데, 환경 때문에 이런 마음이 없는 것처럼 보일 뿐이라 했다. 누구든 원

래 갖고 있는 선한 마음을 잘 기르면 성인과 같은 인품을 가
질 수 있다고 주장하였다. 이것이 맹자가 주장한 성선설의 대
략인데, 군주가 이런 선한 마음을 정치로 연결한 것이 왕도정
치라 할 수 있다. 이처럼 맹자의 성선설은 개인과 사회를 관
통하는 사상이기도 했다.

맹자 이후 현재까지

전쟁을 통한 영토 확장을 최고의 가치로 인정하던 시대에 맹
자의 사상은 받아들여지지 않았고, 《맹자》 역시 크게 주목받
지 못했다. 심지어 오랜 시간이 지난 뒤 한나라가 유학을 국가
의 통치 이념으로 삼았을 때도 맹자는 공자의 그늘에 가려져
있었다. 학자들은 맹자가 유학자임에도 전국시대의 여러 사상
가인 제자백가(諸子百家)의 한 사람으로 여겼을 뿐 지금처럼 높
이지 않았다.

　이런 맹자를 역사 속에서 꺼내어 재해석을 시도한 사람은
당나라의 한유(韓愈)였다. 한유는 유학에서 이상적인 성인으
로 추앙하는 요(堯)·순(舜)·우(禹)·탕(湯)·문왕(文王)·무왕(武王)·
주공(周公)의 도를 공자(孔子)가, 공자는 증자(曾子)가, 증자는
자사(子思)가 자사는 맹자가 이었다고 하면서 맹자의 권위를
성인에 버금가는 '아성(亞聖)'의 위치로 올려놓았다.

　이후 송의 주희는 한유의 설을 그대로 이어받은 것은 물
론, 《맹자》를 공자의 《논어(論語)》와 같은 경전으로 취급했다.
아울러 《예기(禮記)》의 한 장이었던 《대학(大學)》과 《중용(中

庸)》을 떼어내 각각 한 권의 책으로 편찬한 뒤《논어》,《맹자》,《대학》,《중용》을 '사서(四書)'라 이름 붙였다.

이처럼 한유와 주희는 맹자의 위치를 격상시키는 데 큰 공로가 있었다. 특히 주희는《맹자》에 세밀한 주석을 달아 후대의 유학자들이 맹자를 이해하는 데 크게 기여했다. 아쉬운 것은《맹자》를 형이상학적으로 해석한 측면이 있으므로 어떤 면에선《맹자》의 이해를 가로막는 면도 없지 않다는 점이다. 게다가 주희의 주석은《맹자》의 내용을 비판하지 않고 높이기만 해서 맹자를 다각적으로 해석할 수 있는 여지가 많지 않다는 점도 단점이라 할 수 있다. 이래서 주희의 주석은 당대에 함께 활동했던 육상산(陸象山)과 같은 학자나 후대인 명·청대의 학자들에게 비판의 대상이 되기도 했다.

한국은 고려 후기부터 주희의 학문을 받아들인 이래 조선 후기에 이르기까지 대부분의 유학자는 주희의 학문을 최고로 여겼다.《맹자》뿐만 아니라 유학의 모든 경전을 공부할 때 주희의 해석만을 따라야 했다. 심지어 윤휴(1617~1680)는 주희의 해석에 이의를 제기하다가 목숨을 잃기까지 했다. 이래서 여전히 주자의 해석은 높은 권위를 지니고 있다. 그것만 공부해야 했기 때문이다. 이런 영향 때문에 현재까지도 대부분의 한문 교육기관에서는 주희의 주석을 바탕으로《맹자》를 가르치고 있다.

그럼에도 불구하고 현재의 한국은 조선처럼 꽉 막힌 사회가 아니므로,《맹자》를 주희의 해석으로만 읽을 이유가 없다. 주희의 주석 이외에도 많은 주석서들이 시중에 나와 있다. 일

일이 나열하진 않겠지만, 번역이 된 책도 있고, 원문만 있는 책도 있다. 한국의 정약용이 남긴 주석서도 있다. 자신의 관심과 기호에 따라 찾아 읽으며 《맹자》를 이해하거나, 원문을 보면서 내 관점으로 읽어도 무방하다.

비판하고, 생각해 보기 위하여

옛 어른들은 한문 독해력을 키우기 위해 《맹자》를 많이 읽었다고 한다. 백 번은 기본이고, 천 번을 읽으면 《맹자》 이외의 글을 만나게 되더라도 술술 읽을 수 있다는 말이 정설처럼 통하고 있다. 이 말을 듣고 무작정 《맹자》를 읽기 시작했다. 전공자임에도 한문 독해를 잘하지 못했기 때문이다. 20대 중반에 주희의 주석을 빼고 원문만 400번 정도 읽었다. 지금은 다 잊어 버렸지만, 당시엔 원문을 줄줄 외웠다. 주희 주석은 원문처럼 수시로 보진 않았지만, 〈등문공〉 상편까지의 주석은 외웠던 것 같다.

《맹자》는 대부분이 생동감 있는 대화로 구성되어 있어서 내용이 재미있고, 반복되는 문장구조가 많아서 익숙해질 정도로 읽으니 한문 공부에 흥미가 일어나고 실력도 느는 것 같았다. 부가적으로 맹자의 확신에 찬 어투, 세상을 보는 따뜻한 시선, 곳곳에서 드러나는 정의감, 자신의 학문인 유학에 대한 열정과 자부심을 확인하면서 감동도 얻었다. 주희의 주석도 거부감 없이 잘 들어왔다.

왜 그랬는지는 모르겠다. 지금 생각하면 아마 주희 이외의 주석을 읽기도 했고, 유학의 경전 외에 불교 쪽을 공부해서 그런 것 같기도 한데, 어쨌건 어느 순간부터 주희의 주석에 의문이 생기기 시작했다. 무엇보다, 주희의 훌륭함에 불구하고, 배타적인 주희의 태도가 마음에 들지 않았다. 자연스레 《맹자》도 조금씩 다르게 보이기 시작했다. 주희 덕분에 맹자를 다시 보게 된 셈이다.

맹자의 말에서 과격하거나 상대를 인정하지 않는 일방적인 면이 보였다. 맹자의 세상을 바로잡고자 하는 의욕이나 책임감에서 비롯되었다고 하더라도 그런 면을 모두 이해해 주고 싶지 않았다. 맹자는 다른 사람에겐 논리적으로 비약이 심한 예를 들지 말라면서, 자신은 그렇게 했다. 상대의 말을 무시했으며, 제대로 반박하지 못하면서 자기 말만 일방적으로 되풀이하기도 했다.

이런 부분에 대한 주희의 주석은 역시 맹자를 옹호하는 걸 넘어 사람들이 마땅히 본받아야 할 언행으로 규정하고 있었다. 얼마간의 생각 끝에 다른 주석을 보든가 아니면 내 마음대로 읽어야겠다고 마음먹었다. 다른 주석서를 보기 시작했고, 모두 옳지는 않을 것이라는 생각을 하고 읽으니 맹자와 《맹자》의 다른 모습이 드러났다.

이 책에는 내가 다시 본 화 잘 내고, 일방적이며, 비현실적이고, 앞뒤가 맞지 않는 스무 명의 맹자가 있다. 이런 맹자를 여전히 맹목적으로 따르는 사람들도 많다. 오늘날 한국 사람 중 상당수는 '유학의 낡은 습관'을 비판하면서 정작 자신은 유학의 관습 안에 갇혀 살고 있기 때문이다. 나 역시 거기에서 자유롭지 못하다는 것을 인정할 수밖에 없다. 그럼에도 이 책을 통해 이런 맹목성을 비판하고, 현대를 사는 우리가 고전을 통해 무엇을 취하고 무엇을 버려야 하는지 생각해 봤으면 한다.

맹자 유감

**한문학자 김재욱이 들려주는
새로운 고전 독법**

초판 1쇄 2026년 1월 7일 발행

지은이 김재욱
펴낸이 김현종
기획총괄 배소라 **출판본부장** 안형태
편집 최세정 진용주 황정원 김수진 장진경 김남혁
디자인 조주희 김연주 **마케팅** 김예리 신잉걸
방송사업·미래전략본부 정태준 문상철 이주리 백범선 남궁주철 김대준

펴낸곳 (주)메디치미디어
출판등록 2008년 8월 20일 제300-2008-76호
주소 서울특별시 중구 중림로7길 4
전화 02-735-3308 **팩스** 02-735-3309
이메일 medici@medicimedia.co.kr **홈페이지** medicimedia.co.kr
페이스북 medicimedia **인스타그램** medicimedia
유튜브 medici_media

© 김재욱, 2026
ISBN 979-11-5706-515-8 (03140)